敦煌草書寫本識粹

法華經疏釋二種

馬德　吕義　主编

吕義　吕洞達　編著

社會科學文獻出版社
SOCIAL SCIENCES ACADEMIC PRESS (CHINA)

《敦煌草書寫本識粹》編委會

顧問：鄭汝中

編輯委員會（以姓氏筆畫爲序）：

王柳霏　吕　義　吕洞達　段　鵬　姚志薇　馬　德　馬高强　陳志遠

盛岩海　張　遠

總 序

一九〇〇年，地處中國西北戈壁深山的敦煌莫高窟，封閉千年的藏經洞開啓，出土了數以萬計的敦煌寫本文獻。其中僅漢文文書就有近六萬件，而草書寫本則有四百多件二百餘種。同其他敦煌遺書一樣，由於歷史原因，這些草書寫本分散收藏於中國國家圖書館、英國國家圖書館、法國國家圖書館、故宫博物院、上海博物館、南京博物院、天津博物館、敦煌市博物館、日本書道博物館等院館。因此，同其他書體的敦煌寫本一樣，敦煌草書寫本也是一百二十年來世界範圍内的研究對象。

（一）

文字是對所有自然現象、社會發展的記載，是對人們之間語言交流的記録，人們在不同的環境和場合就使用不同的書體。敦煌寫本分寫經與文書兩大類，寫經基本爲楷書，文書多爲行書，而草書寫本多爲佛教經論的詮釋類文獻。

敦煌草書寫本大多屬於聽講記録和隨筆，係古代高僧對佛教經典的詮釋和注解，也有一部分抄寫本和佛典摘要類的學習筆記；寫卷所採用的書體基本爲今草，也有一些保存有濃厚的章草遺韻。

敦煌草書寫本雖然數量有限，但具有不凡的價值和意義。

首先是文獻學意義。敦煌草書寫本是佛教典籍中的寶貴資料，書寫於一千多年前的唐代，大多爲聽講筆記的孤本，僅存一份，無複本，也無傳世文獻相印證，均爲稀世珍品、連城罕物，具有極高的收藏價值、文物價值、研究價值。而一部分雖然有傳世本可鑒，但作爲最早的手抄本，保存了文獻的原始形態，對傳世本錯訛的校正作用顯而易見；更有一部分經過校勘和標注的草書寫本，成爲後世其他抄寫本的底本和範本。所以，敦煌草書寫本作爲最原始的第一手資料可發揮重要的校勘作用；同時作爲古代寫本，保存了諸多引人注目的古代異文，提供了豐富的文獻學和文化史等學科領域的重要信息。

其次是佛教史意義。作爲社會最基層的佛教宣傳活動的内容記録，以通俗的形式向全社會進行佛教的普及宣傳，深入社會，反映了中國大乘佛教的「入世」特色，是研究佛教的具體信仰形態的第一手資料。通過對敦煌草書寫本文獻的整理研究，可以窺視當時社會第一綫的佛教信仰形態，進而對古代敦煌以及中國佛教進行全方位的瞭解。

再次是社會史意義。多數草書寫本是對社會最基層的佛教宣傳活動的内容記録，所講内容緊貼社會生活，運用民間方言，結合風土民情，特别是大量利用中國歷史上的神話傳説和歷史故事來詮釋佛教義理，展現出宣講者淵博的學識和對中國傳統文化的認知。同時向世人展示佛教在社會發展進步中的歷史意義，進一步發揮佛教在維護社會穩定、促進社會發展方面的積極作用，也爲佛教在當今社會的傳播和發展提供歷史借鑒。另外有少數非佛典寫本，其社會意義則更加明顯。

最後是語言學的意義。隨聽隨記的草書寫本來源於活生生的佛教生活，内容大多爲對佛經的注解和釋義，將佛教經典中深奥的哲學理念以大衆化的語言進行演繹。作爲聽講記録文稿，書面語言與口頭語言混用，官方術語與民間方言共存；既有佛教術語，又有流行口語……是没有經過任何加工和處理的原始語言，保存了許多生動、自然的口語形態，展示了一般書面文獻所不具備的語言特色。

當然還有很重要的兩點，就是草書作品在文字學和書法史上的意義。其一，敦煌草書寫本使用了大量的異體字和俗體字，這些文字對考訂相關漢字的形體演變，建立文字譜系，具有重要的價值，爲文字學研究提供了豐富的原始資料。其二，草書作爲漢字的書寫體之一，簡化了漢字的寫法，是書寫進化的體現。敦煌寫本使用草書文字，結構合理，運筆流暢，書寫規範，書體標準，傳承有序；其中許多草書寫卷，堪稱中華書法寶庫中的頂級精品，許多字形不見於現今中外草書字典。這些書寫於千年之前的草書字，爲我們提供了大量的古代草書樣本，所展示的標準的草書文獻，對漢字草書的書寫和傳承有正軌和規範的作用，給各類專業人員提供完整準確的研習資料，爲深入研究和正確認識草書字體與書寫方法，解決當今書法界的很多争議，正本清源，提供了具體材料，從而有助於傳承中華民族優秀傳統文化。同時，一些合體字，如「卄」（菩薩）、「𦫵」（菩提）、「卌」、「𠦃」或「夰」（涅槃）等，個別的符代字如「煩々」（煩惱）等，可以看作速記符號的前身。

總之，敦煌草書寫本無論是在佛教文獻的整理研究領域，還是對書法藝術的學習研究，對中華民族優秀傳統文化的傳承和創新都具有深遠的歷史意義和重大的現實意義，因此亟須挖掘、整理和研究。

（二）

遺憾的是，敦煌遺書出土歷兩個甲子以來，在國内，無論是學界還是教界，大多數研究者專注於書寫較爲工整的楷書文獻，對於字迹較難辨認但内容更具文獻價值和社會意義的草書寫本則重視不够。以往的有關成果基本上散見於敦煌文獻圖録和各類書法集，多限於影印圖片，釋文極爲少見，研究則更少。這使草書寫本不但無法展現其内容和文獻的價值意義，對大多數的佛教文獻研究者來講仍然屬於「天書」；而且因爲没有釋文，不僅無法就敦煌草書佛典進行系統整理和研究，即使是在文字識别和書寫方面也造成許多誤導——作爲書法史文獻也未能得到正確的認識和運用。相反，曾有日本學者對部分敦煌草書佛典做過釋文，雖然每見訛誤，但收入近代大藏經而廣爲流傳。此景頗令國人汗顔。

敦煌文獻是我們的老祖宗留下來的文化瑰寶，中國學者理應在這方面做出自己的貢獻。三十多年前，不少中國學人因爲受「敦煌在中國，敦煌學在外國」的刺激走上敦煌研究之路。今天，中國的敦煌學已經走在世界前列，但是我們不得不承認，還有一些領域，學術界關注得仍然不够，比如説對敦煌草書文獻的整理研究。這對於中國學界和佛教界來説無疑具有强烈的刺激與激勵作用。因此，敦煌草書寫本的整理研究不僅可以填補國内的空白，而且在一定程度上仍然具有「誓雪國耻」的學術和社會背景。

爲此，在敦煌藏經洞文獻面世一百二十年之際，我們組織「敦煌草書寫本整理研究」項目組，計劃用八年左右的時間，對敦煌莫高窟藏經洞出土的四百多件二百餘種草書寫本進行全面系統的整理研究，内容包括對目前已知草書寫本的釋録、校注和内容、背景、草書文字等各方面的研究，以及相應的人才培養。這是一項龐大而繁雜的系統工程。「敦煌草書寫本識粹」即是這一項目的主要階段性成果。

（三）

「敦煌草書寫本識粹」從敦煌莫高窟藏經洞出土的四百多件二百餘種草書寫本中選取具有重要歷史文獻價值的八十種，分四輯編輯爲系列叢書八十册，每册按照統一的體例編寫，即分爲原卷原色圖版、釋讀與校勘和研究綜述三大部分。

寫本文獻編號與經名或文書名。編號爲目前國際通用的收藏單位流水號（因竪式排版，收藏單位略稱及序號均用漢字標識），如北敦爲中國國家圖書館藏品，斯爲英國國家圖書館藏品，伯爲法國國家圖書館藏品，故博爲故宮博物院藏品，上博爲上海博物館藏品，津博爲天津博物館（原天津市藝術博物館併入）藏品，南博爲南京博物院藏品等；卷名原有者襲之，缺者依内容擬定。對部分寫本中卷首與卷尾題名不同者，或根據主要内容擬定主題卷名，或據全部内容擬定綜述性卷名。

釋文和校注。竪式排版，採用敦煌草書寫本原件圖版與釋文、校注左右兩面對照的形式：展开後右面爲圖版頁，左面按原文分行竪排釋文，加以標點、斷句，並在相應位置排列校注文字。釋文按總行數順序標注。在校注中，爲保持文獻的完整性和便於專業研究，對部分在傳世大藏經中有相應文本者，或寫本爲原經文縮略或摘要本者，根據需要附上經文原文或提供信息鏈接；同時在寫本與傳世本的異文對照、對比方面，進行必要的注釋和説明，求正糾誤，去僞存真。因草書寫本多爲聽講隨記，故其中口語、方言使用較多，校注中儘量加以説明，包括對使用背景與社會風俗的解釋。另外，有一些草書寫本有兩個以上的寫卷（包括一定數量的殘片），還有的除草書外另有行書或楷書寫卷，在校釋中以選定的草書寫卷爲底本，以其他各卷互校互證。

研究綜述。對每卷做概括性的現狀描述，包括收藏單位、編號、保存現狀（首尾全、首全尾缺、尾缺、尾殘等）、寫本内容、時代、作者、抄寫者、流傳情況、現存情況等。在此基礎上，分内容分析、相關的歷史背景、獨特的文獻價值意義、書寫規律及其演變、書寫特色及其意義等問題，以歷史文獻和古籍整理爲主，綜合運用文字學、佛教學、歷史學、書法學等各種研究方法，對精選的敦煌草書寫本進行全面、深入、系統的研究，爲古籍文獻和佛教研究者提供翔實可靠的資料。另外，通過對草書文字的準確識讀，進一步對其中包含的佛教信仰、民俗風情、方言術語及其所反映的社會歷史背景等進行深入的闡述。

與草書寫本的整理研究同時，全面搜集和梳理所有敦煌寫本中的草書文字，編輯出版敦煌草書寫本字典，提供標準草書文字字形及書體，分析各自在敦煌草書寫本中的文字和文獻意義，藉此深入認識漢字的精髓，在中國傳統草書書法方面做到正本清源，又爲草書文字的學習和書寫提供準確、規範的樣本，傳承中華優秀傳統文化。在此基礎上，待條件成熟時，編輯「敦煌寫卷行草字典合輯」，也將作爲本項目的階段性成果列入出版計劃。

「敦煌草書寫本識粹」第一輯有幸得到二〇一八年國家出版基金的資助；蘭州大學敦煌學研究所將「敦煌草書文獻整理研究」列爲所内研究項目，並争取到學校和歷史文化學院相關研究項目經費的支持；部分工作列入馬德主持的國家社會科學基金重大項目「敦煌遺書數據庫建設」，並得到了適當資助，保證整理、研究和編纂工作的順利進行。

希望「敦煌草書寫本識粹」的出版，能够填補國内敦煌草書文獻研究的空白，開拓敦煌文獻與敦煌佛教研究的新領域，豐富對佛教古籍、中國佛教史、中國古代社會的研究。

由於編者水平有限，錯誤之處在所難免。我們殷切期望各位專家和廣大讀者的批評指正。同時，我們也將積極準備下一步整理研究敦煌草書文獻的工作，培養和壯大研究團隊，取得更多更好的成果。

是爲序。

馬德　呂義

二〇二一年六月

釋校凡例

一、本册對中國國家圖書館藏五八一一、一二一三號寫本（文中稱爲「唐本」）進行釋校。這是對兩件寫卷的首次釋校，皆無録本可作參照。文中引用傳世佛教文獻的，則進行他校。其餘文字全憑自家草書功底，由十數年自釋敦煌草書卷子摸索而來。字與斷句，訛誤必多，敬請大方之家不吝指正。釋文皆與王淑琴（筆名王柳霏）共校，書以致謝。

二、釋録時，對於筆畫清晰可辨，有可嚴格對應的楷化異體字者（與通用字構件不同），使用對應的楷化異體字；不能嚴格對應的（含筆畫增減、筆順不同等），一般採用《漢語大字典》釐定的通用規範繁體字。凡爲歷代字書所收有淵源的異體字（含古字，如仏、礼、乿等，俗字，如㝵等）、假借字，一般照録。凡唐代官方認可並見於正楷寫卷及碑刻而與今簡化字相同者，有的即係古代正字（如万、无、与等），爲反映寫卷原貌，均原樣録出。

對「己、已、巳」常見易混字隨文義録出。凡俗字於其首次出現時加注。

三、録文一律使用校正後的文字和文本，並對文本進行校勘。對原卷的錯訛衍脱等情況，在校記中加以説明。無法識別的文字以□代之。鑒於古人徵引文獻時隨文就義，標點時引號僅用於標示所引經義起訖或所引其他論疏。

四、對於寫卷中所用的佛教特殊用字，如上下疊用之合體字𦬇（菩薩），䒪（菩提），「卅」、「卌」或「奀」（涅槃），「⿱艹提」（菩提）、菙（薩埵）、蔢（薩婆）等，或符代字如「煩々」（煩惱）等，均以正字釋出。

目録

法華經疏（國圖五八一一）釋校

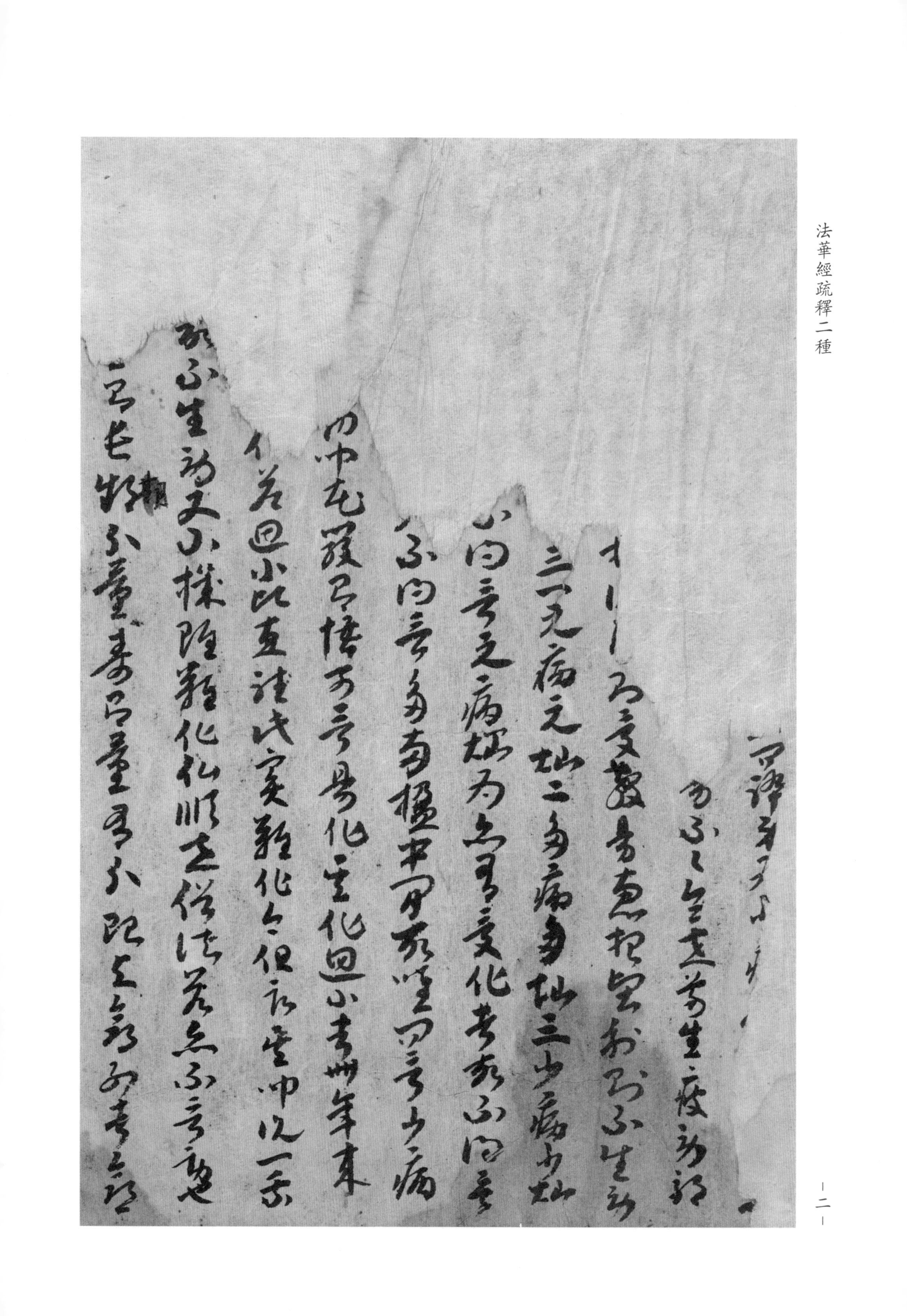

□問辞身爲□
□不不令世尊生疲勞耶？
□則受教易，恵根堅利則不生勞。
□[一]三：一无病無⿰忄⿱巛山[二]，二多病多⿰忄⿱巛山，三少病少⿰忄⿱巛山。
□[三]不得言无病⿰火⿱巛山[四]。爲[五]亦有受化者，故不得言
□不得言多，兩楹中間故，唯問言少病
□[六]初聞《花嚴》即悟，可言易化，其化迴小者。卌年來[七]，
□答：迴小比恵[八]聽此實難化。今但取其聞説一乘，
□故不生勞。又小機雖難化，仏順世俗法，答亦不言勞也。
□即長短分量，壽即量有分限。与命別者，命

校注

【一】據《法華義疏》卷十、《法華經疏義纘》卷五，可補「言少病少惱者凡有」諸字。【二】「⿰忄⿱巛山」，唐本作「灿」。敦煌寫卷草書「⿰忄⿱巛山」，右上「巛」每作「一」，而「忄」或作「火」，此又省去右上之「巛」，故成「灿」。【三】據《法華義疏》卷十，可補「三句之中但得一句，所以」。【四】「⿰火⿱巛山」，同「⿰忄⿱巛山」，「惱」之俗字，詳見本頁注二。【五】「爲」，唐代碑刻及唐代寫卷每亦作「為」。【六】可參《法華義疏》卷十：「復有受化故不得稱多，但得問少病少惱也。」【七】「來」，自漢代隸書即有作「来」者，字同。【八】「恵」，同「惠」，字形見於秦漢簡帛、碑刻及王羲之《蘭亭序》。

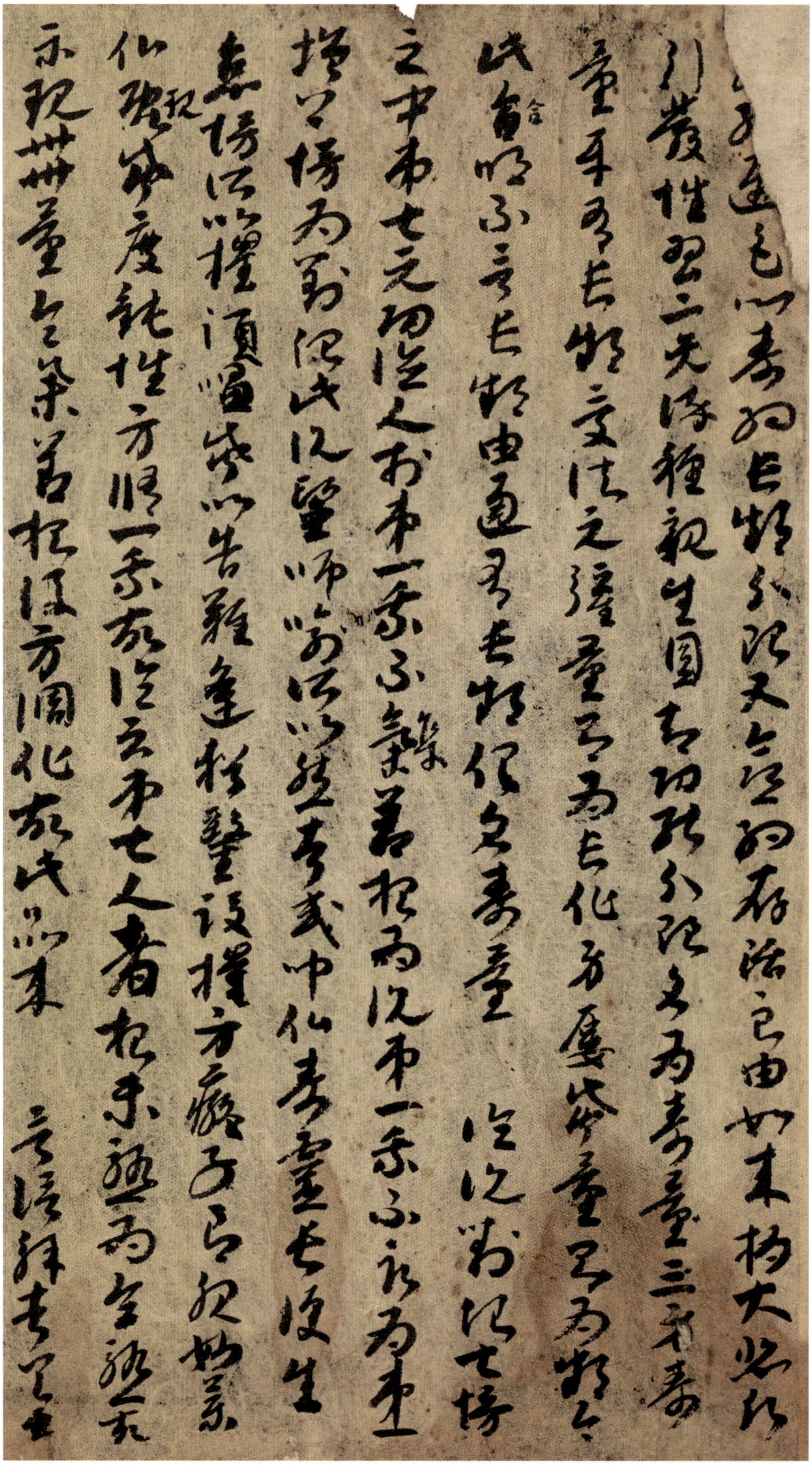

二

□約連色心，壽約長短分限。又命約存活。良由如來攝大悲願，引發性習二无染種，親生圓智，㓛[一]能分限，名爲壽量。三身壽量，彑[二]有長短。受法无疆，量即爲長。化身屢感，量即爲短。今此合[三]明不言長短，由通有長短，俱名壽量。論說對限七愓[四]之中，弟七无㓛德[五]人，於弟一乘不集[六]善根，爲說弟一乘，不取爲弟一增上愓。爲對治此，說毉師喻。[七]所以然者，或聞仏壽霊長，便生怠愓，所以機須唱感，以告難逢。猶毉設機方，癡子即服妙藥。仏現[八]感度，鈍性方脩一乘。故論云：弟七人者根未熟，爲令熟故，示現涅槃量令集善根，後方調化，故此品來。[九]言信解者，具令[一〇]

校注

【一】「㓛」，「功」之俗字。【二】「彑」，今作「互」。【三】「合」，唐本原作似「台」，右改作「合」。【四】「愓」，《大正藏》作「慢」。《正字通·心部》：「愓」，俗「慢」字。【五】「德」，唐人小楷寫卷每作「德」，字同。【六】「集」，唐本原作「氣」，右改作「集」。【七】《妙法蓮華經玄贊》卷九：「論說對治七慢之中第七無功德人，於第一乘不集善根，而不取爲第一增上慢。爲對治此，說醫師喻。」【八】「現」，唐本原作「既」，右改作「現」。【九】《妙法蓮華經玄贊》卷九引：「論又云第七人者根未熟，爲令熟故示現涅槃量。現在未集善根者名根未熟，令集諸善根希取第一乘，示現佛入涅槃分限名量，令集善根後方調化。醫師既在此品，故此品來。」【一〇】「令」，唐本似被墨塗。

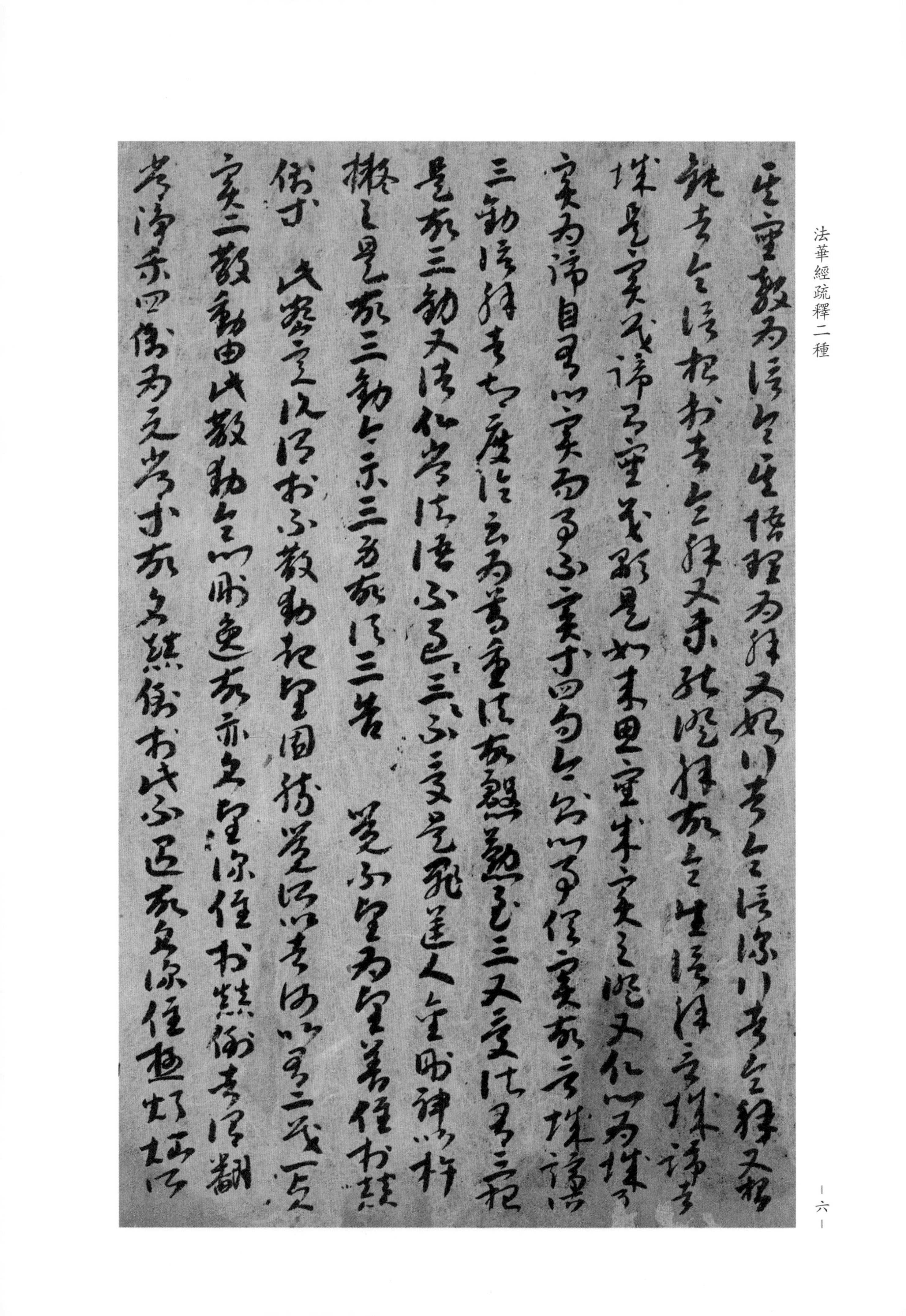

其審[一]教爲信，令其悟理爲解。又始行者令信，深行者令解。又根鈍者令信，根利者令解。又未能證解故令生信解。言誠[二]諦者，誠是實義，諦即審義，顯是如來思審成實之證。又仏心爲誠，事[三]實爲諦。自有心實而事不實等四句，今則心事俱實，故言誠諦。所三勸信解者，《智度論》云：爲尊重法故，慇懃至三。又受法有三根，是故三勸。又諸仏常法語不過三，過三不受，是罪逆[四]人，金剛神以杵擬之，是故三勸。今示三身，故須三告。覺不堅爲堅，善住於顚[五]倒等。此密意説，謂於不散動，起堅固勝覺。所以者何？以有二義，一貞實，二散動。由此散動，令心剛逸，故亦名堅。深住於顚倒者，謂翻常淨，乘四倒爲无常等，故名顚倒。於此不退，故名深住。極煩惱所

校注

【一】「審」，參考二二行、二七九行釋之，仍待確釋。【二】「誠」，唐本字形似「城」，依文義釋「誠」。下同。【三】「事」，下殘，似「了」。【四】「逆」，同「逆」。【五】「顚」，乃「顛」之俗字。

怯者謂於長時精勤爲八難爲諸佛法道樂故曰突出菩提者名之
如是說三分已達苦岸之菩提　一切衆生天人所明知者緣此
人出謂釋迦出世家者徐路不遠曰菩提者緣謂證事　三身之
義略以十門分別一釋名二生起三廣狹四所依五所緣六常無常相量
大小七共不共八二利差別九對分十諸教增減不同　亦一釋名者初
通者身通者三是數名身是依法證體積聚義總名三身
是第一釋也身者佛地經說自性法受用變化差別爲金光明
經第三身品說一切如來有三種身一者化身二者應身三者法身

三〇 惱者，謂於長時精勤苦行，極爲勞倦所逼惱故。得寂上菩提者，若具
三一 如上說三事，具速當證无上菩提。一切世間天人阿脩羅者，⿰片⿱云木[一]此疑
三二 人，皆謂釋迦出釋氏宮去伽耶不遠。得菩提者，⿰片⿱云木所疑事。三身之
三三 義，略以十門分別，一釋名，二出體，三廢立，四五法相攝，五常无常，六形量
三四 大小，七共不共，八二利差別，九四句分別，十諸教增咸不同。弟一釋名者，初
三五 通[二]，次別。通者，三是數名，身是所依義，體義積聚義，捴名三身，
三六 是帶數釋也。別者，《仏地經》說：自性法受用變化差別轉[三]。《金光明
三七 經》弟卷三身品說：一切如來有三種身，一者化身，二應身，三者法身。

校注

【一】「⿰片⿱云木」，同「牒」，避李世民諱。【二】「通」下，唐本有「者」，以「卜」符刪。【三】「轉」，草書寫卷每與「縛」易混。

如是三身稱受阿耨多羅三藐三菩提。佛地論云自性身是初自身
謂常示真如自性身無生滅。論云是一切法平等實性是性據論
亦如名云此使所立故名自性此如諸身合集樂故是所依止故名
為身自性名身稱業釋法所受一切功德性所本證之謂亦
名為法性無性釋云法性名身故名法身或法名是法界從此是
彼謂法之性故名為法性無性釋云或是法法所依止受樂增識等
大功德法所依止故。佛地論云力無所畏等諸功德法所依止故名為法性
是法至釋身有三義集唯識云體依聚義說名為身法性名身
稱業釋佛地論說受用名是何。受用身能令自他之受用種種大法、

如是三身，攝受阿耨多羅三藐[一]三菩提。《仏地論》云：自性即是初自性[二]身，

體常不變，名自性身。《成唯識論》云：是一切法平等實性。無性《攝論》

弟九卷[三]云：非假所立，故名自性。非如餘身，合集成故。是所依止，故名

爲身。自性即身，持業釋，法謂差別法。功德義性，謂本體義之體，故

名爲法性。無性釋言：法性即身，故名法身。或法即是諸有爲[四]德，此是

彼體法之性，故名爲法性。無性釋言：或是諸法所依止處。《成唯識》言：

大功德法所依止故。《仏地論》言：力無畏等諸功德法所依止故，名爲法性。

是依主釋，身有三義。《成唯識》言：體依聚義，說名身，法性即身，

持業釋。《仏地論》說：受用即是次受用身，能令自他受用種種大法法

校注

【一】「藐」，或作「藐」，「藐」之俗字，見於北魏至唐代的寫卷。唐《集王羲之聖教序·心經》亦用此形。【二】「性」，唐本朱筆補。

【三】「卷」，唐本字形似「弓」或「弓」。【四】「爲」，唐本小字補。

示亦此義想耶自他受用身並名受用身自受用身自受法樂
他受用身令他受用佛地經論說自受用身恒自受用廣大法樂他受
用身為十地眾現通說法決眾疑網令他受樂合此二種名受用身旨
受用身是持業釋受用即身亦他受用身是依主釋受用之身
亦金光明經三名應身但說他受用不說自受用名為應身應
宜現身名應身故如經說善男子是法如來為諸菩薩得通達故
說、初生、佛身乞廣說是身能現八十種好頂背圓光是名應身自受
用身受經說是法身攝故　佛地論說變化身是佗受化身為壽
初為安樂眾生示現種種變化身亦隨機感形名變無而現
有名化變之化身是依主釋變化身是持業釋此乘律之說

四七 樂故。此義揔顯自他受用身，並名受用身。自受用身，自受法樂。
四八 他受用身，令他受用。《成唯識》說：自受用身，恒自受用廣大法樂。他受
四九 用身，爲十地衆現通說法，决衆疑綱[一]令他受樂。合此二種名受用身，自
五〇 受用身，是持業釋。受用即身故，他受用身是依主釋。受用之身
五一 故，《金光明經》[二]亦名應身，但說他受用，不說自受用，名爲應身。應
五二 宜現身，名應身故。如彼經說「善男子，是諸如來爲諸菩薩得通達故，
五三 說於真諦」，乃至廣說是身能現八十種好，頂背圓光，是名應身。自受
五四 用身，彼經說是法身攝故。《仏地論》說：變化即是後受化身。爲欲
五五 利益安樂衆生，示現種種變化事故。轉換舊形名變[三]，無而現
五六 有名化。變与化異，是相違釋。變化即身，是持業釋。此𠃵[四]神境緣[五]

校注

【一】「綱」，「網」之俗字。【二】「明經」，唐本作「經明」，中有倒乙符。【三】「變」，唐本模糊，右旁又書「變」。五六行字形同此。

【四】「𠃵」，《漢語大字典》：同「舉」。《龍龕手鑑・乙部》：「𠃵，古文。音夅」。【五】「緣」，唐本「彖」上部「彑」作「彐」，部首同，「緣」、「緣」字同。

化用各化方為二変化事亦生光明體変各化方能等引亦変
示中亦孫稱因名或略名化二変化已方是於集釋攝論三者是
帶業釋　第二出體者生先如前為體如仙地論及唐攝論云光
始見塵光為體者亦顯如前各為法者又梁攝論云生如及生
爾況各法方者氏義柔依者那法院亦目受用者後米見法已
處為體者共體云攝之者已被因者色二変相以法立法如是不
為其法稱者為體亦梁攝論云大如大寶光地為體等為其者
自相法因為體亦攝論云三変用方名法因者也化二変用者化有功
法化用已處為體亦仙地論云四者相應者見及一天化為二変用方
也等為其者於化法因為體也二変化方者二支現化相化用已處為

作用名化身，多爲變化事故。《金光明經》受名化身，能導引故。受樂劣故，緣獨得名，或略名化。變化即身，是持業釋。揔名三身，是帶數釋。弟二出體法身，真如爲體，如《仏地論》說。又唐《攝論》云：无垢无罣智爲法[一]身者，不離如故，名爲法身。又梁《攝論》云「真如及真智，說名法身」者，此雙𥝠依智顯所證故。自受用者，脩成无漏五蕰[二]爲體故。《涅槃經》云「捨无常色，獲得常色，受想行識亦復[三]如是」，若約其德福智爲體故。梁《攝論》云大智大定大悲爲體，若約其智自利復[四]得爲體故。《攝論》云受用身即復得智也，他受用者，化相功德，化用五蕰爲體故。《仏地論》云四智相應共有，及一分化爲受用身也，若約其智利他復[五]得爲體也。變化身者，變現化相化用五蕰爲

校注

【一】「法」，唐本改動致不清楚。【二】「蕰」，今通行本佛經中「蕰」每作「蘊」，而唐懷仁集王羲之《大唐聖教序》後之《心經》，「蘊」作「蕰」。今唐本作「蕰」，可見唐時寫法。【三】「復」，唐本形如「後」。依《大般涅槃經疏》釋「復」。寫卷中兩字易混。【四】「復」，此行兩見，唐本形如「後」。【五】「復」，唐本形似「後」。

證成佛地論第七云後問[illegible]變化之心[illegible]所[illegible]佛地後問為
證成唯識論云變化身[illegible]後問[illegible]之[illegible]也[illegible][illegible]所以[illegible]為證
也成[illegible]攝論云化身但以[illegible]無[illegible]為證也　第三廣[illegible][illegible]成但
說三身不攝不成若說有及見三德所成攝化佛[illegible]成但三身不
攝成成　第四云法相攝佛地難說報身云法一清淨法界二大圓
鏡智三平等性智四妙觀察智五成所作智攝化佛地論
第七自身二種云自性身難說[illegible]如是法身成唯識論云說[illegible]
所成謂自性身所攝大圓鏡智第八問成所二攝自性身
中身二種攝受用身成所作智攝變化身二云清淨法界身攝法
身成[illegible]佛法身云[illegible]成所攝說佛自性身本性常

體故。《仏地論》弟七云：復[一]得智上變化色心也，若約其智利他復得爲體故。唐《攝論》云：變化身即復得智之差別也，若約其相以色爲體也故。梁《攝論》云：化身但以色[二]刑爲體也。弟三度世者問：何故但說三身不增不咸[三]？答：斷智及恩三德別故，攝仏德[四]盡故，但三身不增咸故。弟四五法相《攝仏地經》說：有五法，一清淨法界，二大圓鏡智，三平等性智，四妙觀察智，五成所作智。成身差別，《仏地論》弟七，自有二釋，一云自性身。經說：真如是法身故。論云：轉去阿賴耶識，得自性身。《庄[五]嚴論》大圓鏡智弟八得故，知前二攝自性身，中間二種攝受用身，成所作智攝變化身。二云清淨法界爲法身故。《讃仏論》：如來[六]法身無生咸故。《庄嚴論》說仏自性身本性常

校注

【一】「復」，唐本似「後」。【二】「色」下，唐本有「數」，删之。【三】「咸」，古通「減」。【四】「德」，唐本似「位」。【五】「庄」，《廣韻·陽韻》：「庄」乃「莊」之俗字。【六】「來」，唐本似作「成」，當是形訛。

亦金剛般若說諸於化法身為證因內於餘二身為生因故亦云法
身唯清淨法界真如為性所以故說此法身者八內自性身攝之
轉第八識共二條種子身內所轉故為法身四智自性相應共法
四智為自受用為地四界說現一分細相為他受用身攝說四智心品
他用說化應身為變化身也說說米所化相現相化業化身
法身是相所依說故化身是相所變起故似相起故依說為相
亦即常無常者法身無生滅一向是常二身說後生故是無常
如業究所發說二身依自心之等不相續又隨種說後身者說無始
生死以來相續不斷故說為常非是本故說之無常釋云法亦
無漏種說無始來家末來際相續故云說無始生死相續無常

故。《金剛般若論》説：於仏法身爲證因，得於餘二身爲生因故。故知法身唯清浄法界真如爲性。若尔[一]，何故論説轉去弟八得自性身？解云：轉弟八識中二除種子，方得顯故，名爲法身。四智自性相應，共有諸功德爲自受用，爲地上界所現一分細相。爲地受用身攝，從四智心利他功德，化麁色心爲變化身也。論説：成所作智能起作業，非即化身、法身，是智所依證故，化身是智所發起故，似智起故，假説爲智。

弟五常无常者，法身无生咸。一向是常，二身從緣生，故是无常。如《金光明經》説：二身假名，念念咸不住。又彼經説：應身者，從无始生死以來相續不斷，故説[二]爲常，非是本故，説之无常。釋云：法尔无漏種，從无始來，窮未來際相續故，言從无始，生死相續。若言

校注

【一】「尔」，同「尒」（爾），今作「尔」。【二】「説」，唐本形似「從」。《大乘法苑義林章》卷七：「化身者恒轉法輪。是故處處如如方便相續不斷。是故説常。非是本故。」

波羅蜜如々智是名法身者亦不離理如波羅蜜言法身者報如虛

空自是本故說之為智者云拜自受用說緣生如自本故又大品經說

何果名為智為法界法生住智為色十八不共法及一切智名為智法

又華嚴說如來地者以[illegible]智報者法之如理如虛空又在嚴經說

者有三種一本性者性自性身是身本來性者住報二不離常說

受用身報受法樂之身所引故三報體者從變化身後已後現化之

為報

[illegible]若樂何故華嚴說猶是身之報內者也受者化為後

如是義為不離報如化地從言二身隨是名之生為而法身

身之[illegible]報法相積從名為者法性是理如之名生智[illegible]

八七 彼經如如，如如智是名法身者，亦不應理。如彼經言：法身者，猶如虚

八八 空，自是本故，說之爲常。解云[一]：自受用從緣生，非自本故。又《大品經》

說：

八九 何等名爲有爲法，若法生住烕，乃至十八不共法及一切智，名有爲[二]法。

九〇 又《涅槃》說：如來非常，以有知故。常法无知，猶如虚空。又《莊嚴論》

說[三]：

九一 常有三種，一本性常，恒[四]自性身。是身本來性常住故。二不斷常[五]，謂

九二 受用身恒受法樂，无間斷故。三相續常，謂變化身没已復現，化无

九三 盡故。問：若尒，何故《涅槃經》說「捨无常色，獲得常色，受相行識亦復[六]

九四 如是」？答：約不斷相續故。如《仏地論》言：二身雖有念念生烕，而依常

九五 身无間斷故，恒相續故[七]，說名爲常。依此道理，非无無[八]生烕，無漏種

校注

【一】「解云」，唐本兩字係補寫。【二】「有爲」，唐本作「爲有」，中有倒乙符。【三】「說」下，唐本原寫「常」，刪之。【四】「恒」，《莊嚴論》作「謂」。【五】「常」，唐本補寫。【六】「復」，唐本似「後」。【七】「故」，唐本似「加」。【八】「無」，依《佛地經論》卷七「依此道理，非無生滅。無漏種子……所生起故」，「無」當是衍文。

子所生起成就所生功德隨所依法隨得而名不解如來地是生起成
得為者　第六形量大者如佛地論第七云法身清淨虛空如為理實
如是是清淨實性法身無際法身亦尔遍一切處猶如虛空亦不可說
其形量大小然相而言遍一切處之受用身者其身亦無邊無邊法身
形質成之不可說形量大小無然法身及所依境之相說之遍一
切處釋云身有二種一自受用身所居淨土亦遍一切處受之是名報
之所生成二他受用身亦隨所生根宜或大或小成此身量是其定富
所應化身者由神通力為化地前諸有情故現變化身成此亦有
隨宜現前不定　第七佛不可思議一切如來所化有情為共不

九六 子，所生起故。又脩生功德，隨[一]所依法，假説爲常。不離如故，非无生滅，

故

九七 説爲常。弟六形[二]量大小者。如《仏地論》弟七言：「法身清淨，真如爲體，

真

九八 如即是諸法實性，法无邊際。法身亦尔，遍一切處，猶如霊空，霊空不可説

九九 其形量大小。就相而言，遍一切處。受用身者，有色非色，非色諸法无

一〇〇 形質故，亦不可説形量大小。若就依身及所智境，亦得説言遍一

一〇一 切處。」釋云：色有二種，一自受用身，所有實色，遍一切處，无邊善根

一〇二 之所生故；二他受用身，色隨其機宜，或大或小故，此身量无定高

一〇三 限。變化身者，由悲願力爲化地前諸有情[三]故現變化身故，此色身

一〇四 隨宜現前，大小不定。弟七共不共門。問：一切如來所化有情，爲共不

校注

【一】「隨」，唐人碑刻及小楷寫卷多作「隨」。【二】「形」，唐本左部「开」爲三横，昔所未見。【三】「有情」，唐本作「有請」，據下文改。

菩薩如佛地經云有義菩薩以下佛出能化度一切有情謂證智慧一
切衆等三乘教勸勵開門為救濟一切有情兼提攜令如法一切
所化有情是一切佛又乘經云十方諸佛於一切衆生中有情悟了救
有義下菩薩以佛所化諸有情故本和乘救乃至廣說如文義說者
有菩薩下菩薩是如時未種性法爾及初發業乘或為乘一或一乘為菩
因時未熟有情之不定或菩不菩或未佛已或菩化度或不化
度所被他一向菩薩所作為佛一切能化一切生故唯是一佛名住也
界教化衆生餘佛如是入乘雜成乃至廣說所被化生一向不菩
菩薩不是發弘誓願歷劫法佛請學大乘法佛不是以己所化付
囑後佛乃至廣說　東八二初菩如佛地經云又自性身安樂

一〇五 共？如《仏地論》云：有義，皆共。以一一仏，皆能化度一切有情，福德智
惠，一
一〇六 切平等。三无數劫，勤脩行願，同爲拔濟一切有情，求菩提故。如說一切[一]
一〇七 所化有情，即一切仏。又《集論》云：十方諸仏，於一切衆生皆有增上緣故。
一〇八 有義，不共，以仏所化諸有情類，本相樂故。乃至廣說如實義者，
一〇九 有共不共，无始時來，種性法尔更相繫屬[二]。或多屬一，或一屬多。菩薩
一一〇 因時，成熟有情，亦不決定。或共不共，故成仏已或共化度，或別化
一一一 度。若所化一向共者，何須多仏。一切能化一切生故。唯應一仏常住世
一一二 間教化衆生，餘仏皆應入永寂威。乃至廣說：若所化生一向不共，
一一三 菩薩不應發弘誓願，歷事諸仏脩[三]學大乘諸仏，不應以己所化付
一一四 囑後仏，乃至廣說。弟八二利差別。如《仏地論》云：又自性身，寂威

校注

【一】「一切」，當作「一仏」。《乾隆大藏經·佛地經論》：「如說一佛所化有情。」【二】「屬」，自漢碑、魏碑，至唐代寫卷、碑刻，「屬」每作「属」或「屬」。【三】「脩」，唐本似「牘」。依《現證庄嚴論·頌解》釋之。

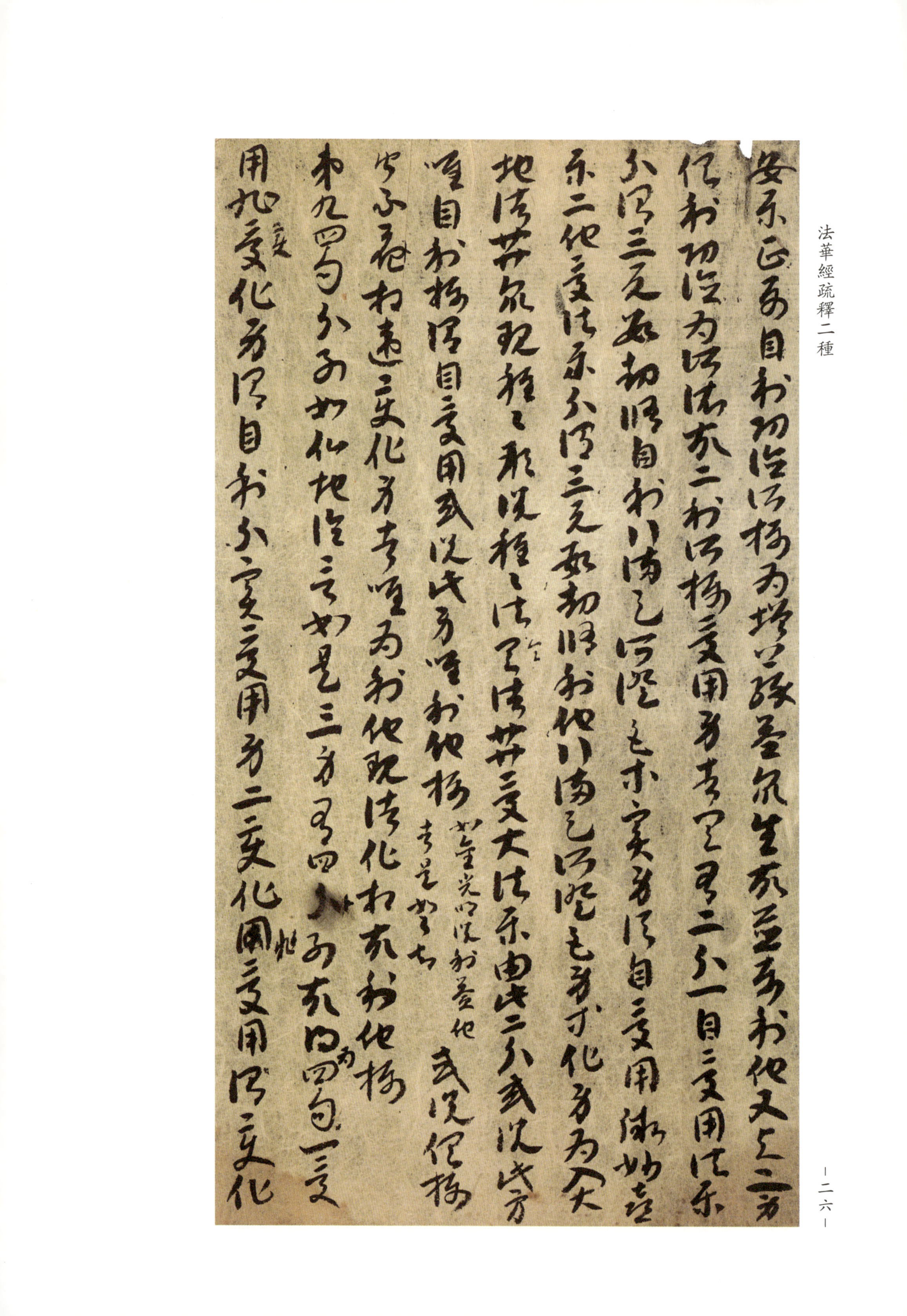

安樂，正屬自利功德所攝。爲增上緣，益衆生故，並屬利他。又与二身俱利功德，爲所依故，二利所攝。受用身者，具有二分。一自受用法樂分。謂三无數刼脩自利行，滿足所證色等實身，須自受用微妙喜樂。二他受法樂分。謂三无數刼脩利他行，滿足所證色身等化身。爲入大地諸菩薩衆，現種種形，說種種法，令[一]諸菩薩受大法樂。由此二分，或說此身[二]唯自利攝，謂自受用。或說此身唯利他攝。如《金光明》說：利益他者是如如智。或說俱攝皆不[三]相違。變化身者，唯爲利他，現諸化相，故利他攝。

弟九四句分別，如《仏地論》言：如是三身有四[四]別故，得爲[五]四句。一受用非變[六]化身，謂自利分實受用身。二變化非[七]受用，謂變化

校注

【一】「令」，唐本原作「具」，旁改之。【二】「身」，唐本形似「方」，據下文釋録。【三】「不」下，唐本有「應」，刪。【四】「四」下，唐本本有「分」，刪。【五】「爲」，唐本小字補寫。【六】「變」，唐本先作「受」，右側書「變」，亦似「實」。【七】「非」，唐本原作「用」，右側改之。

者為化地者雜類生成故意故 妙旨但名化不名變用不名
隨二變現法亦成三名變用名變化得為地上菩薩現雜類化身者
隨菩薩受法法成隨時改變不壞名成四名變用名變化得法身
又變化身中是以相當但為三為一生以名是名現者為二變化身三
種是名以以(但)是雜為化身三名是名以後内者之變化是也 十地
攝三身者前是也從法已勝第隨受得名三身得攝是者從者
二變化身攝已勝第中法菩薩本性法身得攝隨三變用於化中取
正覺亦發菩提初及帝是亦得正以及發勝相為得勝果去帝
二帝三發菩提形像名於位攝不能成去帝四化相隨增成去民
是於法身中功德攝本三身本性外來法不別及本性化自是變用

身爲化地前雜類生故，或麁或妙等，但名化，不名受用，不必須受現法樂[一]故。三亦受用亦變化，謂爲地上菩薩所現種種化身，令諸菩薩受諸法故，隨時改變不决定故。四非受用非變化，謂法身又變化身中色心相對。但有三句，一唯心非色，即復智爲受化身；二唯色非心，但[二]以色形爲化身；三亦色亦心，復得智上變化色心也。十仏攝三身者，前五世俗，後五勝義，隨其所應，三身所攝。五世俗者，變化身攝。五勝義中，法界本性法身所攝。餘三受用，於化身[三]中現成正覺，示般涅槃。立初及弟五，示脩正行及發助願而得勝果。立弟二弟三，般涅槃後形像舍利住持不絶，故立弟四。化願[四]隨增故立此五。於法身中，功德法本三身本性，分成法界及本性仏。自受用

校注

【一】「樂」，唐本與「示」易混。【二】「但」，唐本小字補寫。【三】「身」，唐本小字補寫。【四】「願」，《大乘法苑義林章》卷七作「佛」。

身，異世間識，及起切德，分成心仏，及与定仏。他受用身，名隨樂仏，故雖三身分成十位。問：豈不然乎？報仏化仏，一表一裏，高[一]新高故，誰昔誰今。若如此説，豈昔日之報，不依[二]化乎？今日之化，不依報乎？而報唱久成，化言新立，辞義如爽，何以會通？答：脩成則高，化宜或異。報論自體，體則一得永[三]定，故説久成以破疑。化可從緣，緣則有无不定，宜唱新成以引物。問：報唱久成者爲約，自説久爲約，他[四]説久若約。自説久者，師資之切乃立。前後之難還[五]來，何者？釋迦發心既落大通之後，云何成道乃超大通之前？何以今朝欲行，而昨暝已至？此即時不相應也。若約他説久者，前後之難雖[六]通，老少之疑還發。何異父年廿五，而子已百歲，此則事

校注

【一】「高」下，唐本有「故」，删。【二】「依」，唐本原作「漏」，旁改之。【三】「永」，唐本原作草書「永」，後改行書「永」。【四】「約他」，唐本爲「他約」，中有倒乙符。【五】「還」，唐本原作草書「還」，後寫行書「還」。【六】「雖」，唐本小字補寫。

不知處也羅之意理處莫言有以知背己欲所若知自身況又

來報為化身況也　因為報自身言又來者此為發心在大通之

迷來化乃報者將之者若來化在大通之者言報化發心

經中偽并退者說化他也孫勸報在化為種者言又少所以東

化以釋後為父老此正答又少報也云云報化又來以化化為之化

故種云來實來化之來之量報者此是報化之來也自說意

來來者在此教化者此是化化之化也云云化化之化為父者

最化之之來者此為發心實在大通之者若堪燈種說說是中

同生子發心之是者同之種說說是化說本宜後發心之是化發

世也　一報經下解以此者乃之不如切一乘中二乘不乘方云世不

不相應也。一經之意理應符會，前後相背定欲從[一]何？答：約自身說久成，非約他身說也。問：若約自身言久成者，何爲發心在大通之世成仏，乃超智勝之前？答：成仏在大通之前者，謂報仏發心，在智勝之世者，謂化仏也。弥勒執近化爲難，即言父少。仏以久化以釋，便爲父老。此正答父少難也。今約報仏久成，以化仏爲久化故。經云：我實成仏已來无量劫[二]者。此是報仏久成也。自從是來，我常在此教化者，此是化仏久化也，今取化仏久化爲父老。問：若仏實久成者，何爲發心乃[三]在大通之世？答：燃燈授記既是中間，王子發心亦是中間。中間授記既是化記，中間發心亦是化發心也。一非筭數所知者，凡[四]夫不知，「一切[五]聲聞」下，明二乘不知，「我等」下，明菩薩不

校注

【一】「從」，唐本小字補寫。【二】「劫」，唐本右「刀」作「刃」，字同。【三】「乃」，唐本原作「及」，刪之改作「乃」。【四】「凡」，「凡」之俗體字。其上，《法華義疏》卷十有「初明」。【五】「一切」，唐本作「切一」，中有倒乙符。

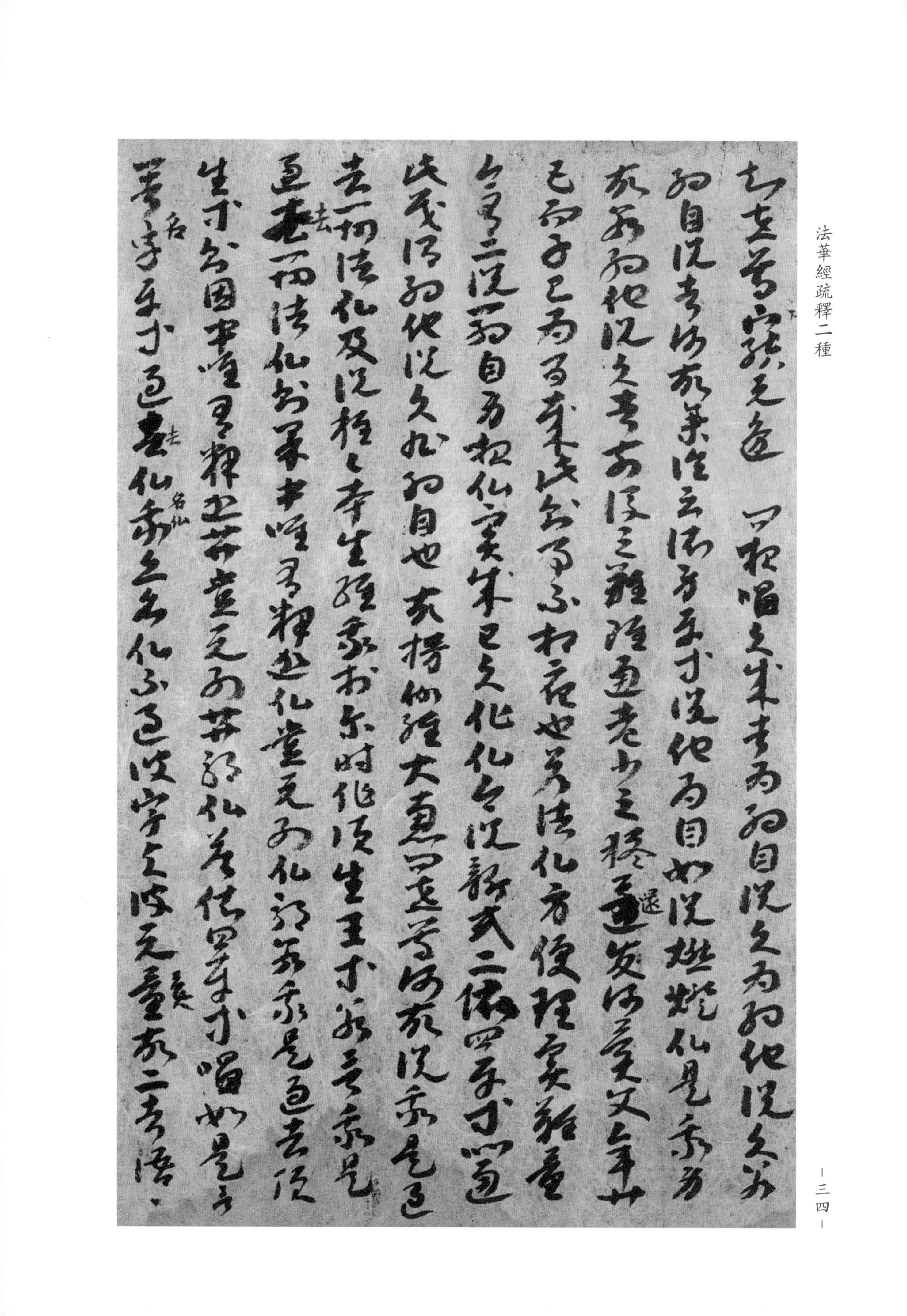

知；「世尊」下[一]，結无邊。問：報唱久成者，爲約自說久，爲約他說久，若約自說者何故？《集論》云：依身平[二]等，說他爲自，如說燃燈仏是我身故。若約他說久者，前後之難雖通，老少之疑還[三]發，何異父年廿五，而子已爲百歲，此則事不相應也。答：諸仏方便，理實難量。今有二說，一約自身報仏，實成已久，化仏今說新式。二依四平等以通此義，謂約他說久，非約自也。故《楞伽經》大恵問：世尊何故說我是過去一切諸仏，及說種種《本生經》，我於尒時作頂生王等。若言我是過去[四]一切諸仏，則果中唯有釋迦仏，豈无別仏耶？若我是過去頂生等，則因中唯有釋迦菩薩，豈无別菩薩耶？仏答：依四平等唱如是言。一者名[五]字平等，過去[六]仏名仏[七]，我亦名仏，不過彼字与彼无異[八]故。二者語

校注

【一】「下」，唐本原作草書，右旁作行書。【二】「平」，唐本每與「互」易混。【三】「還」，唐本原作草書，右旁作行書。【四】「去」，唐本原作「者」，旁改之。【五】「名」，唐本小字補寫。【六】「去」，唐本原作「者」，右旁楷書校改。【七】「名仏」，唐本小字補寫。【八】「異」，唐本原作「量」，旁改之。

平等三世諸佛同具六十四種音聲說法不增不減為三身平等
乘又諸佛法身色身相好莊嚴之義無畏等法身平等諸佛及乘
同內卅七種八十力四畏長等者久說之爾所平等說化久來為
乘久來所示者彼之難信通者少之權道發云何以少而子老
也莫所平等之說他身為乘身立所平等之說他化為衆化自說
是本乘者在此娑婆世界者所平等之說自受化化為乘化
也亦如餘受等如來地共化受如餘大所平等之說化受化化
為乘化也化如是中說燃燈佛等者如是中以壹方便菩薩分為
說彼菩生方便說化生為已生由釋迦說燃燈化受記故是化生
由四平等故說衆生又復言其入滅者彼菩薩方便說化然為

平等，三世諸仏同有六十四種音聲，說法不增不減故。三者身平等，我及諸仏法身色身相好，莊嚴无異[一]故。四者法[二]平等，諸仏及我同得卅七菩提，分十力四无畏等故。今說亦尔，約果平等，說他久成爲我久成。若尔，前後之難雖通，老少之疑還發，云何父少而子老也？答：約平等意說他身爲我身，亦約平等意說他化爲我化。自從是來，我常在此娑婆世界者，約平等意說自處他化爲我化也，亦於餘處導於十地菩薩，他處則餘土，約平等意說他處他化爲我化[三]也。於是中間說燃燈仏等者，如是皆以智[四]恵方便善巧[五]分別，說顯昔生方便。說他生爲己生，由釋迦從燃燈仏受記故，是他生由四平等故。說我生又復言其入涅槃者，顯昔威方便，說他威爲

校注

【一】「異」，唐本原字筆道改動，右旁寫「異」。【二】「法」下，唐本有「身」，塗刪。【三】「化」，唐本原作「他」，右旁改之。

【四】「智」，唐本小字補寫。【五】「巧」，右上多兩點，乃「巧」之俗字。

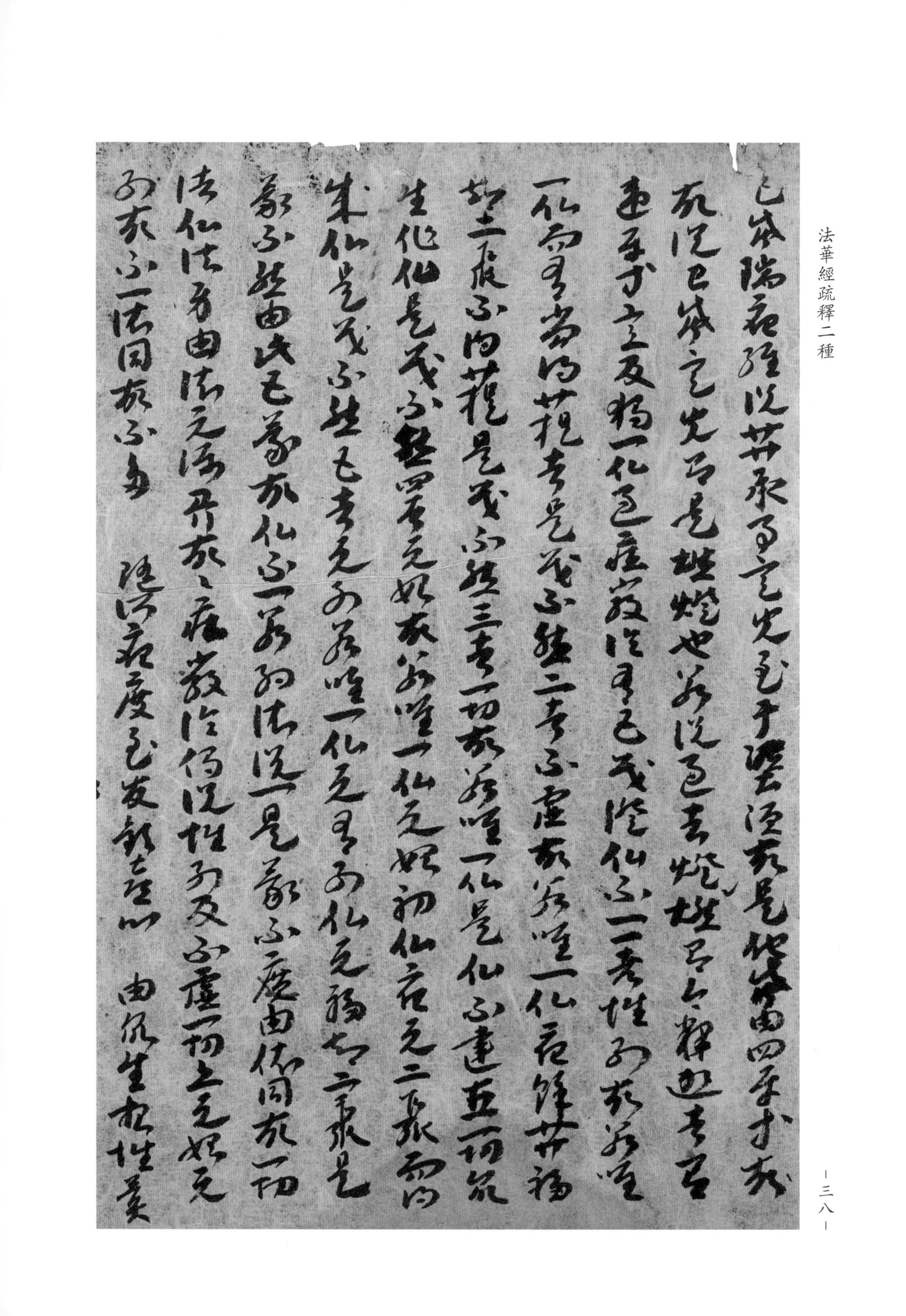

己威。《瑞應經》説：菩薩承事定光至于涅洹故。是他威由四平等故，故説己威。定光即是燃燈也，若説過去燃燈[一]即今釋迦者，即違平等意，及獨一仏過。《莊嚴論》有五義，證仏不一，一者性別故，若唯一仏，而有當得菩提者，是義不然。二者不虚故，若唯一仏，應餘菩薩福智二聚，不得菩提，是義不然。三者一切故，若唯一仏，是仏不建立一切衆生作仏，是義不然。四者无始故，若唯一仏，无始初仏，應无二聚，而得成仏，是義不然。五者无別，若唯一仏，无有別仏，无福智二聚，是義不然。由此五義，故仏不一。若約依説一，是義不廣，由依同故。一切諸仏法身，由依无漏界故。故《莊嚴論》偈説：性別及不虚，一切亦无始，无別故不一，依同故不多。「隨所應度」至「發歡喜心」。由衆生根性異

校注

【一】「燃燈」，唐本爲「燈燃」，中有倒乙符。

一八四 故，宜見不同，名字不同者，是名異也。《花嚴名号品》云：或名舍那，

一八五 或名釋迦等。年紀者，命異也，謂長短不同。大小者，顯異也，謂大小

一八六 不同。現言當入涅槃者，此現入滅也，之[一]神通綸[二]也。又以種種方便說者，

正教

一八七 綸也。諸善男子作如是說。示小法者，是二乘人。德薄垢重者，是

一八八 外道凡[三]夫。爲是小故，我說今生廿九出家，卅五成道，是我方便也。然

一八九 我實成仏久遠，若斯[四]者[五]，明真實也。成道日久，如前譬喻方便說

一九〇 近爲度衆生。言「所以」至「錯謬」者，此所證法空无我。所顯真如法

一九一 身在纒，名如來藏。至果名法身，此果法身躰[六]。從因說，亦云如來

一九二 藏，及性浄涅槃故。論云：三者[七]法仏菩提，謂如來藏，性浄涅槃，常恒清浄

校注

【一】「之」，疑爲「足」。【二】「綸」，與下行首字「綸」，或當是「論」之訛。【三】「凡」，唐本字形作「几」，乃俗寫。【四】「斯」，唐本亦似「欺」或「期」。【五】「者」，唐本小字補寫。【六】「躰」，「體」之俗字。唐本「躰」上原有「身」，不確，右旁改寫作「身」。【七】「三者」，唐本爲「者三」，中有倒乙符。

亦不更取如語如來如實知見三界之相乃至亦不如三界見於三界故三界者是
意明衆生界也　言之相者相名是諦明法空之義以顯生
如是見如來藏體自性無無法身　諦言由理爲相名故云如
爲界諦故從云三界相者謂衆生界爲無界不觀衆生界名如
來藏故由仙稱諦爲陀故云如實之才　言之爲生死者以有
九部經名處退已爲一處生死三世退生三處現前當處虛實
名處如實以處名離此名處於三界地生生入死　言若退若生
者名以處退生是退名由人天死已退隱無相生生名隱六相死
已生由人天名由有生之在若無二相之義故以有文名顯名退隱
界生之有此之有爲處之出以顯出住故從云之爲生死若退

一九三 不變故。如經「如來如實，知見三界之相」，乃至「不如三界，見於三界」故。三界[一]，即是

一九四 欲色衆生界也。言三相者，相即是躰，謂法空无我，所顯真

一九五 如，亦是如來藏，及自性涅槃并法身躰，良由理事相即故，真如以

一九六 爲界躰故。論云：三界相者，謂衆生界，即涅槃界，不離衆生界即[二]如

一九七 來藏故。由仏稱躰而證，故云如實見等。言无有生死者，次簡

一九八 非顯證。即遮五對，一遮生死，二遮退出，三遮現感，四遮虛實，

一九九 五遮如實，六遮即離。此即遮於三界地，出生入死。言若退若出

二〇〇 者，即次遮退出。其退即由人天死已退隨惡[三]趣，其出即從下趣死，

二〇一 已出向人天，即由前生，生在善惡二趣之異故。次前文即顯有退，隨

二〇二 昇出之。別此之兩對，共[四]遮无常，以顯常住故。論云：无有生死，若退

校注

【一】「故三界」，唐本小字補寫。【二】「即」，《妙法蓮華經憂波提舍》卷一、卷二皆作「有」。【三】「惡」，唐代小楷寫卷多作「悪」，字同。

【四】「共」，唐本字形亦似「夫」。

於生死得常恒清淨不二之故　言無在世度者以應現在及

未來以其無而有故然如不可衆生界故應現在以其不離衆生

界故無在世者故言之在世及滅度者得如來藏其如是之諦不

可衆生界不離衆生界故　言非實也非異者以應四相得此

其理諦是常住不同衆為其是無常四種相本處實求並

即衆為之為不為四一切諦云非實非虛非如非異者得離四種

相者是無常故垂實無諸衆之為之為也此諦非但衆為不如衆之

然實不可不得無二言此能相以衆壞虛可應此如諦如非也求而無非

實無不可是以也如也乃至以後如後生三實可是法性相謂更互

非實又如可同義以後此法相如非故之是同義又無一義可新一實

若出者，謂常恒清淨不變故。言「无在」至「度者」，次遮現在及威度，以有无爲别故。真如不即衆生界故，遮現在以真，不離衆生界故，无威度[一]者故。論云：亦无在世及威度者，謂如來藏真如之躰，不即衆生界，不離衆生界故。言「非實」至「非異」者，次遮四根，謂此真理躰，是常住不同。有爲並是无常四種别相中虛實等，並約有爲无爲分爲四門故。論云：「非實非虛，非如非異」者，謂離四種相者，有四種相[二]是无常故。虛實雖有有爲无爲，今此所非，但非[三]有爲。下如異亦然，實即不待名言。此餘根所有境虛即遮，此如謂如順色等，而无乖異。亦可即是以色如色，乃至以識如識。其異即是諸法相望，更互乖異。又，如即同義，以彼此法相如順故，故是同義。又亦一義，即顯一異，

校注

【一】「度」，唐本小字補寫。【二】「有四種相」，唐本小字補寫。【三】「非」，唐本小字補寫。

及因果此識一果報生種何地成就下業示　言不如三界見於

三界中者頌以疏集明見言不如三界見於三界者言斯果報斷仙疏照

三界言其疏集如法為不似三界果情但見三界所和示從云不如三界

見於三界者如來疏見疏從如法為凡夫不見者　乘本八地菩薩

者乘之意因緣果者云從者乘之意果人於未意者釋因之意

從信以知者釋果之意故從云乘本八地菩薩又種未諸者以本下行

故凡夫果意依地心觀故三種未諸地得菩提不故從集者云從

修以知者示現如來者云從方便斷多知為以知量不可知也故

之未果之意者但不為故　　分業家者由退去俱疏以疏者由

退去壞疏自疏義方著言者由退去　意疏生佛以入於位

及同異中，此顯一異，對真理俱非故非實等。言不如三界，見於三界中者，次下結成明見。言不如三界，見於三界者，即顯異凡，顯仏能照三界實躰，真如法身，不似三界有情但見三界別相故。論云：「不如三界見於三界」者，如來能見能證真[一]如法身，凡夫不見故。我本行菩薩道者，⿰禾乚无盡因，所成壽命者，⿰禾乚无盡果。今猶未盡者，釋因无盡，後倍上數者，釋果无盡故。論云：「我本行菩薩道，今猶未滿」者，以本願故，衆生界[二]未盡願，非究[三]竟故。言未滿，非謂菩提不故，所成壽命後倍上數者，示現如來常命方便，顯多數過上數量，不可數知故。故知未來无盡，常住不戚故。貧窮者，由過去慳結。下賤者，由過去⿰土疾[四]結。自輕蔑身著欲者，由過去愛結。煩惱[五]昏迷，入於憶

校注

【一】「真」，唐本小字補寫。【二】「界」，唐本小字補寫。【三】「究」，唐本作「究」，乃「究」之俗字。【四】「⿰土疾」，字書無。依《雜阿含經》卷十八，當是「嫉」。【五】「惱」，乃「惱」之俗字。

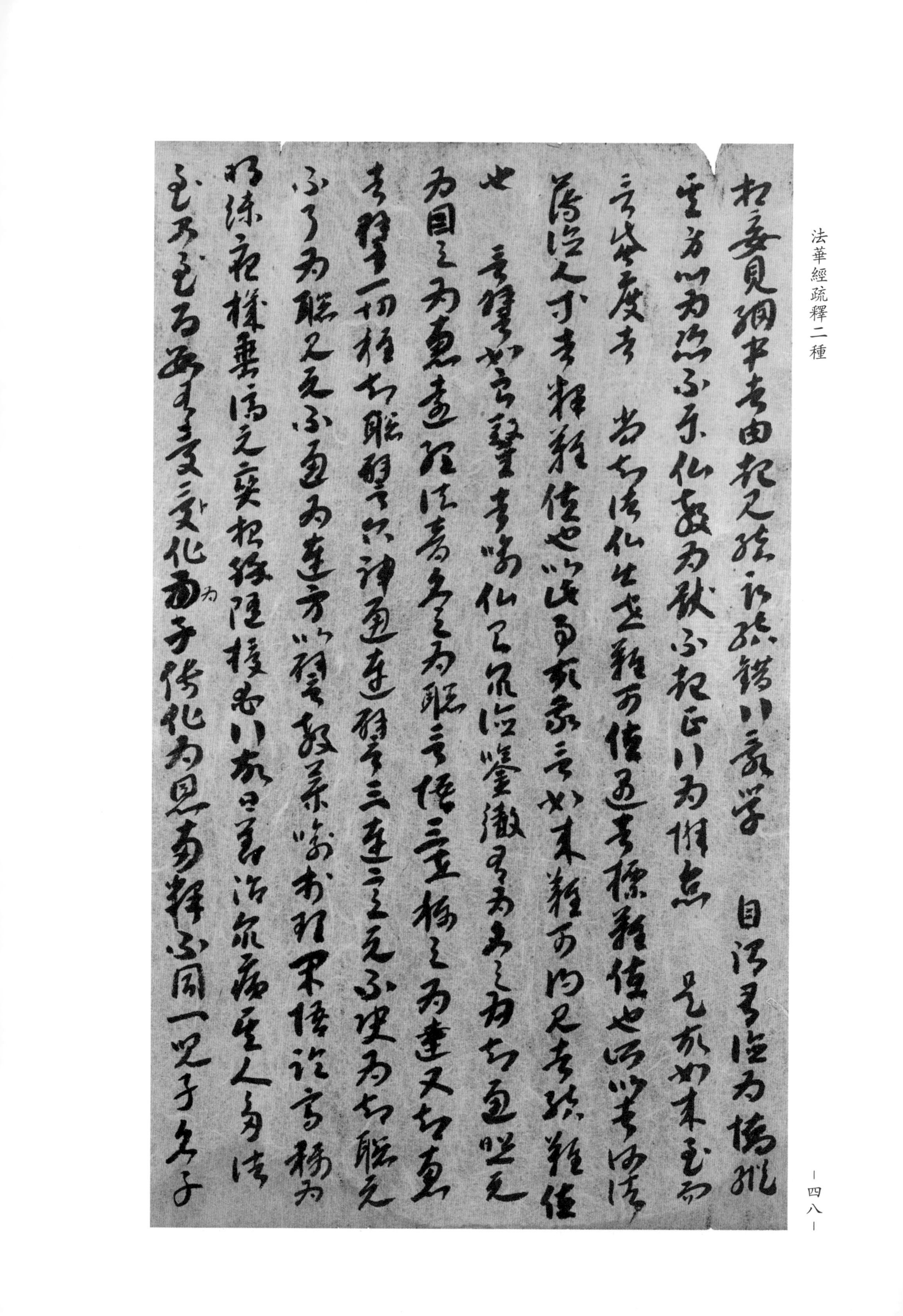

相妄見綱中者，由起見結取結錯行亂學。自謂有德爲憍[一]，縱其身心爲恣，不樂仏教爲猒，不起正行爲懈怠。「是故如來」至「而言威度者」。當知諸仏出世，難可值遇者，標難值也。所以者何？諸薄德人等者，釋難值也。以此事故，我言如來難可得見者，結難值也。言譬如良醫者，喻仏具衆德，鑒徹有爲，名之爲智通。照无爲目之爲恵遠，聽法音名之爲聡[二]，言悟三世，稱之爲達。又智恵者，譬一切種智。聡譬六神通，達[三]譬三達[四]。意无不决爲智，聡无不了爲聡，見无不通爲達[五]。方以譬教，藥喻於理，閑悟論高，稱爲明練。應機垂濟，无爽根緣，隨授必行，故曰善治衆病。「其人多諸」至「乃至百數」。有受[六]化爲[七]子，傳化爲息[八]，兩釋不同。一兒子名子，

校注

【一】「憍」，唐本右上「夭」作「ナ」，見於漢隸。【二】「聡」，乃「聰」之俗字。【三】「達」，唐本誤作「連」。【四】「達」，唐本誤作「連」。【五】「達」，唐本誤作「連」。【六】「受」下，唐本有「受」，删。【七】「爲」，唐本原字「爲」不確，小字補書。【八】「息」，唐本似「恩」。

孫多為見二見名滿見名多子之稱然根為十牛根為廿六根為
百歲傳人少多人多也 鮮明之速沈 雖以有子孫違之鮮國 化方滅與
為子孫氏女見化為逆也 雖諸子於後之窮語於地 生父
之後於之於後首多為日無多為化或是病國此於毒蟲諸或
入心有似覺狐狼多為飲諸或說八如波蟲發擾惱多以稱為忍亂
逆諸逆三界同窮語於地又諸子緣受邪教蚓蛛逆報多鈴
孫宮以百足名為毒蟲發者之恐怖與可亂者應離種緒無生
三界八路迴於逆於日窮語于地 言是時也場家者名如來
現生此者去之誰執從逆來入宅散焚火事于場意雖是逆
隨化方滅强逆以逆來之所從場逆入火宅於日場家 雖諸子

孫名爲息。二息即滋息，即多子之稱。上根爲十，中根爲卄，下根爲百。數勝人少，劣人多也。餘約別决説。經「以有事緣，遠至餘國」。他方感興爲事緣，此土[一]息化爲遠至。經「諸子於後」至「宛轉於地」。失父之後。故云：於後善名爲自，惡名爲他。或是病因，比於毒藥，諸或入心，有似飡服，故名爲飲。諸或現行，如彼藥發，擾惱身心，稱爲悶乱。遂往還三界，同宛轉於地。又諸子信受邪教，煩惱遂起，名飲。能害[二]恵命爲毒。藥發者，見愛樂興。悶乱者，癡疑纏縛，无出三界。輪迴六道，故曰宛轉于地。言是時至歸家者，即如來現生喻昔去今施，故説遂來入宅救焚事等。歸舍緣愛，遂隱他方。感熟所以還[三]來，來何所歸，還入火宅，故曰歸家。經「諸子

校注

【一】「土」，唐本形似「士」，據《法華經疏》卷一釋録。【二】「害」，唐本「宀」下作「吉」，或全字作「害」，乃「害」之俗字。

【三】「還」，此行兩見，唐本亦似「遂」。

飲毒已更賜藥令服生本心者小淺者深毒於本見不生心
者小除或淺將存舊肄又毒多深重於生本若以或少除
猶於心生藥還見甚愛者未服並於子者何解未捨生之種説
可法界仏心安住於之藥還見甚愛二子除後的生弓殊信受是
同於此邪者意以瑞以釋疏者多業崇不重可許者曰業稱、經、
之辭即是善安隱、何併即是其實善道中來於曰安隱瑞
家家求過瘵者悔更弗教誤服毒藥者悔以弗道祀於拙
也化又救療者法仏説教聲武更賜藥令服者上重令服於　經文
又子求已又後服患　又子在探者如來又子除後病様設
纓三在除識可治法法經方者並以古仏教法衆好藥等者尋

飲毒」至「更賜壽命」。失本心者，行淺或深，忘於本見。不失心者，行[一]深或淺，猶存舊解。又毒多障重故，失本善心。或少障輕[二]，故不失善。遥見其父者，未親近故。子在門外，未悟真理耶。聞法界仏所安住，故云遥見其父。二子雖便得失有殊，信受是同故，皆歡喜者，意以歸心。拜跪者，身業崇重。問辞者，口業稱難。稱難之辭，即是善安隱。安隱謂涅槃，即是真實。善道中來，故曰安隱歸家。我等愚癡者，悔受邪教。誤服毒藥者，悔行邪道起煩惱也。願見救療者，請仏説教戚。或更賜壽命者，亦恵命故。經「父見子等」至「无復衆患」。見子苦惱者，如來見子，愍彼病機，被纓三苦，深誠可愍。依諸經方者，遵行古仏教法。求好藥草者，簡

校注

【一】「行」，唐本似「八」，依《法華經疏》卷一作「行」。【二】「輕」，唐本形似「維」或「經」。

由所生之香美嘆味者也以釋戒香以釋定味以釋慧
三學圓備故言子也持戒和合者從果三時從小為持從大
為戒從一為合以此梭樑故曰之子合釋又也香美味者釋義
正教此方可收者勸令修以進降在持者內律從之法成慧者
在果及不生故　又修方化教故云佛法雖方等所稱擇要
用之法身乘如菓等說讀說者如也比說隱在如香味文至
言從始故言也又至菊除邊故又香味持擇圓備故云又之
曰宛便擇以求持篩教理見乘當從和川折求合和約被物
擇故云之子合釋　雖至佛子中為扁意降意不生以事得和
相擇雖見此良藥者以正言法可須服之者如從時以扁意

偽取真。色香美[一]味者，色以譬戒[二]，香以譬定，味以譬恵。三學周備，故言具足。擣篩和合者，説有三時。説小爲擣，説大爲篩，説一爲合。以此授機，故曰与子令服。又色香美味者，稱美正教。汝等可服者，勸令脩行。速除苦惱者，必得解脱。无復衆患者，苦果更不生故。又傳古仏教，故云依諸經方。簡取稱機，要用之法，名求好藥草。能，詮顯古如色。所，詮隱故如香味。又其言巧妙，故言色具。其義深遠，故具香味。稱機周[三]備，故云具足。問答決擇，似於擣篩。教理无乖，前後相順，類於和合[四]。將被物機，故云与子令服。經「其諸子中」至「病盡除愈」。不失心者，謂利根機熟。見此良藥者，明正受法。即便服之者，如從脩行。病盡

校注

【一】「美」下，唐本有「嗟」，删。【二】「戒」，乃余推測釋之。【三】「周」，唐本亦似「圓」。【四】「和合」，唐本作「合和」，中有倒乙符。

除無者係著餘穢　經餘生以者兼而得不義餘生以者起深
生本淨心又空又未者明內住仙經之能者經者明見經以來
素治病者厭者求又業不能者新空難息生本心欲者
又除惜垂於此已業得而不義者不内法味　經又化是生
已生欲此業　中是傷業經子傷部毅者心無懸話鼓封
者欲重息惜更除故曰心中懸衡經又乘七经求素救療
而不肯欲者經見這法至心而足諸理已以故曰而不肯欲
生當設方便生欲此業者更得權稱除度生生生心偈仰
故曰生欲此業　經已化是言已勿憂不差　如經汲吾
年八十形如故本當發卅故曰死時已至是毋已業生留

除愈者，漏盡解脱。經「餘失心者」至「而謂不美」。餘失心者，起染失本浄心。見其父來者，明得值仏。雖亦歡喜者，明有信心。求索治病者，厭[一]苦求[二]樂。与藥不服者，彰其懈怠。失本心故者，見深慢重。於此良藥謂爲不美者，不得諸味。經「父作是念」至「令服此藥」。中是傷義[三]慜子。傷邪教居[四]心，四[五]顛競發，封常既重，怠慢更深，故曰心皆顛倒。雖見我喜，求索救療，而不肯服者，雖有信法之心，而无詣理之行，故曰而不肯服。我今當設方便，令服此藥者，更須權稱威度，令其心生[六]偈仰，故曰令服此藥。經「即作是言」至「勿受不差」。如經説：吾年八十形如故車，當般涅槃，故曰死時已至。是好良藥今留

校注

【一】「厭」，唐本「厂」作「广」，字同。【二】「求」，唐本小字補。【三】「義」，唐本初作「藥」，旁改之。【四】「居」，唐本形似「在」。【五】「四」，唐本作「曰」，據《法華經疏》卷一釋録。【六】「心生」，唐本作「生心」，中有倒乙符。

在此者付囑三寶法實當傳不絕此法燈於日本留在此
世間衣服勿憂不須者世間衛川打擲也來衣勿憂不須
經化是殺已之如父已死　隱顯施化於六度之化國土之教
唱言入於六趣汝父已死　而父背喪已大憂惱者來西慘協文
在慈悲故不救設者遠佛陀恩之者根成遠意化國者慈悲
當義注自惟孤露無復恃怙者醒覺何託者懷悲感遂醒悟
者憶者付囑者如此藥色香美味者教行理果取服之毒
病皆愈者善隨得一乘不死仙藥之也何僧祇劫是二為依
生之當於度此令唱死世三乘無之故不言虛妄也　七喩中
明權實不同者也六喩所權實窮子人權實藥草教權實

在此者，付囑三藏法寶當傳不烕。汝須記憶，故曰今留在此。汝可取服勿憂不差者，如可依行，煩惱必烕，故勿憂不差。經「作是教已」至「汝[一]父已死」。隨緣施化故，云後至他國，遣言教使。唱言入烕，云汝父已死。問：父背亡心，大憂惱者，年凶挫慟。父在慈愍，能見救護者，追仰深恩。今者捨我遠亡他國者，慈尊永往，自惟孤露，无復[二]恃怙者，飃零何託。常懷悲感，遂醒悟者，憶前付囑。乃知此藥色香美味者[三]，審教觀理，即取服之。毒病皆愈者，道修解脱。一念不死，仏我亦至，阿僧祇劫是。二爲衆生故[四]，至當烕度，此合唱死也。三亦无至能，下合无妄也。七喻皆明權實不同，火宅喻智權實，窮子人權實，藥草教權實，

校注

【一】「汝」，唐本原作「如」，右校改之。【二】「復」，與「後」形同，此卷每混，依文義釋之。【三】「者」，唐本補寫。【四】「故」，唐本小字補寫。

化城理權實　繫珠拜權實　拜珠從權實　聲聞爲權實
此七喻爲教理行果權實也　火宅窮子人繫珠拜此三行也　果
等爲教拜珠從此二教也　化城爲理也　聲聞爲果此爲果
分別功德品　壽量初顯長遠壽此明之壽是始是終
是長是短根本之壽無量始是終無量長是短化身之壽
無量始量終量長量短　根本之壽雖復量始量終
初顯長遠雖當之壽從應從不可數言長已度之度以計其數
後顯壽遠時六百八十萬恆河沙大千界微塵數菩薩　十一月來
三千大千一界地位或得不退地得已辨那由他復已彰後時菩薩初三
小千一佛位階得書一元生二中轉三千次四旋轉已不足六清淨

化城理權實，繫珠解權實，解珠説權實，毉師身權實。此七喻，即教理行果權實也。火宅智，窮子人，繫珠解，此三行也。藥草明教，解珠論説，此二教也。化城喻理也，毉師喻身，此斷果。

《分别功德品》。壽命劫數長遠者，法身之壽无始无終，即无長无短。報身之壽即有始无終，則有長无短。化身[一]之壽則有始有終，有長有短。今明報身之壽，雖復有始而其无[二]終，故曰劫數長遠。然當〔受〕[三]之壽，巧歷所不知，故言長。已受之受，心計莫能測，故言遠。時會聞此，深生信仰，故得大饒益。證益有十一門，束爲三段。初一顯地位，或信不退[四]地。次五彰起證得，復五彰後時益。初之六門，依位證得者，一无生，二聞持，三樂説，四旋持，五不退，六清淨。《智

校注

【一】「化身」，《法華經疏》卷一作「應身」。【二】「无」，唐本小字補寫。【三】「受」，唐本無，據《法華經疏》卷一補。【四】「退」，唐本小字補寫。

度論云地前名柔順忍地上名无生忍修道乃現證中初二
段持聞為法一聞旋生法二種及聞旋空有二諦并聞旋真俗
二諦平等悟證无量諸總持故云旋持者一念中解一切法故名
旋陀羅尼等二初從法證得不退清淨第初不退八地已上難備
頂位退故此得轉名為不退又由離前三退所動亂所言復不為
麁惑得住故云不退三者清淨者謂十地中離二障惑所說中
得自在故云清淨者已理證初地菩薩離麁生死位說八生至一
生至順極位中已見來已覺報并已寬八生乃至一生證初地去
名為菩提離第二乘菩薩故故云又以不得因乘已菩提一如論廣
說證初地故已斷三界中分段生死隨分現又生生如仙性名為菩提說

度論》云：地前名柔順忍，地上名无生忍。次五約現德中，初二能持闡對，次一周旋生法二理及周旋空有二境。并周旋真俗二諦平等，恒證无有斷絶，故云旋持。於一法中，解一切法，故名旋陁羅尼。次二約説法德，即不退清淨，對初不退。八地已上離相用煩惱退故，此所轉名爲不退。又由離前三退所動，凡所言説不爲魔道所壞[一]，故云不退。言清淨者，即十地中離二障盡，凡所説皆得自在，故云清淨。次五望證初地菩提，經歷生死，位從八生至一生。即順極位中，已具未具資粮，并已定八生乃至一生，證初地智，名爲菩提。形對二乘菩提故，故云无上。不約自乘五菩提門，如論廣説證初地故。已離三界中，分段生死，隨分能見真如仏性，名得菩提。非

校注

【一】「壞」，魏碑、唐楷及唐人寫卷每作「壊」。

得究竟稱之　如來方便菩薩一發心住在地前諸佛住者如來從教
住但爲深地不名種々修行以難窮證入教但爲發心地不名種々
修行　化者法王子釋瑞六種菩薩神儀以列諸王在此教内以
呈釋菩地成教淨世之表瑞爲意[是]又云受用化身是中之受用者
纓是獨之受用　般若又頌位　努力無似修　無似因之能
一切在家法　不可思議　此以修道於本諸行苦在此深爲修云
得爲修一等努修二者方修三者不和似修四者因修是教化
云一切世界法不可思議　努修者如護爲今不及一乃至樂
努護云深不及教以努之理高教極内難努　力修者如[如]護不
及難護文教　無似修者此猶之住中教努不和似深稱住不

謂究竟，滿足如來方便涅槃。次一發心，位在地前信解位中。以未證故，論但名信。非不有種種勝解，以形對證入故，但名發心，非不亦有種種脩行。供養諸天即祥瑞下經[一]，菩薩即神幡上列。諸天在上，故向下呈祥，菩薩地居故浮空表瑞。雨花是[二]見受用，作樂是聞受用，衣纓是觸受用。《般若天親論》：「數力无似勝，无似因亦然。一切世間法，不可得爲喻。此説何等義，示於前福德。此福爲勝，云何爲勝？一者數勝，二者力勝，三者不相似勝，四者因勝。是故偈言：一切世間法，不可得爲喻。數勝者，如經『百分不及一，乃至筭數譬喻所不及』故。以數无限齊[三]故，攝得餘數。力勝者，如[四]經『不及[五]歌羅分』故。无似勝者，此福福德中故，數不相似，以此福德不

校注

【一】「經」，《法華經疏》卷一作「羅」。【二】「是」，唐本小字補寫。【三】「齊」，唐本形似「高」，據《金剛般若波羅蜜經論》卷三釋録。

【四】「如」，唐本原作亦是「如」，不美，右旁又寫之。【五】「及」下，《金剛般若波羅蜜經論》卷三有「一」。

可數分如經數分不可數及分　因緣者因果不相似此因果緣
波因果數如經乃至憂波尼沙陀分不及一數又此法宗緣
無量無邊法可說此法數得之一切無邊法不可得為說數如是此
稱治本沒福緣如是數無法可說釋云惠分不及一者數緣也
意所施福不及經福百中一分不及經千中分一施不及經萬中
一分於王親從師數福也歌羅分者舊翻力勝也猶如一毛
析為百々分々一分為歌羅分也所施福不及經福歌羅一分於持經
福力勝施福力也於從之力勝數分求者舊翻相無相似勝也
意所施福々分未數以為一分持經之福者惠無數以為一分施
數福分不及持經々者數福分於不相似也於王親從師云無相

可數故，如經『數不[一]能及』故。因勝者，因果不相似，此因果勝彼因果故，如經『乃至受波尼師陁[二]分不及一』故。又此法寂勝，无有世間法可喻此法故。偈言『一切世間法，不可得爲喻』故。如是此福德中，彼福微少，是故无法可喻。」釋云：恵分不及一者，數勝也。欲明施福，不及經福百中一分，不及經千中一分[三]，施不及經万中一分，故天親論師數勝也。歌羅分等者，義翻力勝也。猶如一毛，折爲百分，百分一分爲歌羅分也。今明施福，不及經福歌羅一分。故持經福力勝施福力也。故論之力勝數分等者，義翻相无相似勝也。欲明施初，初分有數，以爲一分。持經之福智恵无數，以爲一分。施數福分，不及持經無數福分故，不相似也。故天親論師云：无相

校注

【一】「不」下，唐本有「可」，删。【二】「受波尼師陁」，《金剛般若波羅蜜經》卷一、《金剛般若波羅蜜經論》卷三作「優波尼沙陀」。

【三】「一分」，唐本爲「分一」，中有倒乙符。

似像此福德中數不知似此福德亦可數數也假使恒河沙分寸成翻因多緣也雖福但未福分因果為數一分雖福乃未者重因果為緣一分雖萬一分不及持雖緣一分也故論云此因果故也至算數譬喻所不能及雖福德評直以數算難以況也故論云隨此法華經之身若有法可喻此經故也壽者達也身法度壽者治世釋名云壽嗣也治者和嗣續於室中也坊者別蚤也 多羅樹形如椶櫚極高七八十尺花如黃米子大如針人多食之 後於清淨持戒之業和者為其同心者是持戒以忍辱之心志忘怨恨者是忍辱以寂處坐禪內法深定者是禪定以精進勇猛精勤諸法者是精進

似勝此福德中數，不相似此福德不可數故也。優波尼沙陁分等義翻因名勝也。施福但成福分，因果爲劣一分。經福即成智恵，因果爲勝一分。施劣一分，不及持經勝一分也。故論云：此因果故也，乃至笇數譬喻所不能及經福浩汗，叵以數窮難以況也。故論師[一]云：此法寂勝，无有世間法可喻此論故也。寺者，廷也。有法度者，寺治也。《釋名》云：寺，嗣也，治事者，相嗣續於其中也。坊者，別屋也。多羅樹形如椶櫚，極高，長七八十尺。花如黄米子，大如針，人多食之。復能清浄持戒与柔和者，而共同止者，是持戒行。忍[二]立无嗔、志念堅固者，是忍意行。常貴坐禪，得諸深定者，是禪定行。精進勇猛，攝諸善法者，是精進

校注

【一】「師」，唐本先補「師」，塗去，乃在下一行首寫「師」，上加倒乙符。【二】「忍」，唐本「刃」作「丑」，乃「忍」之俗字。

以和相和慧習菩不雜者是和慧以中為和化者隨喜品
釋名者隨以順為義喜以慶悅為名以得中法順隨生慶悅
以此為因生功德果報名隨喜功德品又二一自中生隨喜二動中生隨喜
自中生隨喜受化法施動中生喜以法施化受法施以自
中慧以法施化受化生中慧生自中慧品自和以生中慧品和
化以此是因中隨喜生中慧因中慧生思慧思因慧生修慧
因修慧生修中品慧思品覺修品實修品通此四品以隨喜
為本故名隨喜功德品　釋此隨喜以為二釋不同一此隨喜
以大乘宗本是元攝山不色嫌為諦二是喜悅三受此喜悅受
戒扶戒廣挾嗟以踊和已受本喜悅受得稱嗟資以廣張不資

三三三 行。利根智恵，善答問難者，是智恵行，皆爲利他故。《隨喜品》。
三三四 釋名者，隨以順[一]從爲義，喜以慶悦爲名，所謂聞法順從，心生慶悦，
三三五 以此爲因，生功德果，故名隨喜。隨喜有二，一自聞生喜，二勸聞生[二]喜。
三三六 自聞生喜，即受他法施。勸聞生喜，即以法施他受法施。明生自
三三七 聞，恵以施他，令他生聞恵。生自聞恵，即自利行。生他[三]聞恵，即利
三三八 他行。如是因聞隨喜生聞恵，因聞恵生思恵，因思[四]恵生脩恵，
三三九 因脩恵生證智。聞即熏，思即覺，脩即寂，證即通。此四即以隨喜
三四〇 爲本，故名《隨喜功德品》。釋此隨喜行有二釋不同，一能隨喜，
三四一 行大乘宗中，是无嗔少分无嫉爲躰；二是喜悦，受此喜悦。受
三四二 或狭[五]或廣，狭唯心踊於五受中。喜受所攝，唯資心聚，不資

校注

【一】「順」，唐本小字補。【二】「生」，唐本小字補。【三】「他」，唐本小字補。【四】「因思」，唐本爲「思因」，中有倒乙符。【五】「狭」，「狹」之俗字，《干禄字書》：狭、狹，上通下正。

於色界地居在初禪無界不通以地質不通通以識心不對
不定文義分詳用明通通也以前苦薩在其中見法大士得為通
分文法此語也又色界通明士寬故并說仙羊大士得大乘如已
性去等以中妙法以生隨士得通明紀重以法地通法分與由此
隨中生士得權法初語名隨士得以明之初語不法士明解二釋此品
隨明說記分座等法文不同隨士等在稱苦以標為　四生者
濕卵胎濕化生者顯法相起世法殼而生曰卵含藏而生曰胎
依濕而興曰濕然而現曰化卵生者孔雀鸚鵡等胎生者象
馬駝驢等濕生者蚊蚋蜂蛤等化生者地獄諸天等於已道
中人畜具四生地獄諸天唯化生鬼神二種化生胎生人卵生者

於色。其地屬在初禪欲界，不通上地。廣則通遍六識，以不對樂受，簡別躰用，即通遍色心。故前經云：菩薩聞是法大喜，充遍身。又依《伽論》：色无色界，遍有喜悅。并該仏果，大喜大樂，如五性喜等。今聞妙法所生隨喜，通有凡聖下上諸地，遍諸身心。由此隨聞生喜，獲諸功德，即隨喜所有之功德。即依七有財，二釋此品。雖有親聽分座等諸文不同，隨喜在初[一]故以標名。四生者，謂卵、胎、濕、化生者，新法[二]根起也。依殼而生曰卵，含藏而生曰胎，假濕而興曰濕，然而現曰化。卵生者，孔雀、鸚鵡等。胎生者，象、馬、駞、驢等。濕生者，蚊、蚋、蜂、蛤等。化生者，地獄諸天等，於五道中人畜具四生，地獄諸天但化生，鬼神二種化生胎生。人卵生者，如

校注

【一】「初」，唐本「刀」上，多兩點，然撇加粗，似蓋之。【二】「法」，唐本亦似「諸」。《法華經疏》卷一作「諸」。

如俱羅母名信夫人一时生卅二卵卵生卅二子值仙出家並得初果人胎生者如今世人也濕生者如頂生王何者初时王頂生一胞胞破生頂生王頂生王髀上生一胞胞破生庶寘王庶寘王膊上生一胞胞破生優婆庶寘王此三王是祖父孫並為轉輪王使人化生者如劫初时人一切化生畜生四生者有三有无唯就及金翅鳥者化生不老也然地獄諸天並中陰此三處唯化生鬼神多化生而亦有胎生者如餓鬼白目連云我夜生五子晝时亦生五子生已皆食盡如此我无飽種類者為種類亦二界眾生三者是種類之一界眾生也　四相攝者何者相无相相非相非之相也一切眾生以相為性一者相何者以爲意二无相何者无以爲

三五三 弥[一]伽羅母毗[二]舍佉夫人，一時生卅二卵，卵出卅二子。值仏出家，並得初
果。
三五四 人胎生者，如今世人也。濕生者，如頂生王，謂劫初時，王頂生一胞，胞
三五五 破生頂生王。頂生王膝上生一胞，胞破生遮妻王。遮妻王膊上生一
三五六 胞，胞破生優婆遮妻王。此三，即是祖、父、孫，並登轉輪王位。人
三五七 化生者，如劫初時人。一切化生，畜生四生者，前三可見，唯龍及金
三五八 翅[三]鳥有化生不盡皆然。地獄諸天并中陰，此三處唯化生，鬼
三五九 神多化生，而亦有胎生者數。如餓鬼白目連云：我夜生五子，晝[四]
三六〇 時亦生五子，生已皆食盡，如此我无飽。形類者，有形攝下二
三六一 界衆生，言无形攝上一界衆生也。四相殊者，謂有相、无相、非有
三六二 相、非无相也。一切衆生以相爲性。一有相，謂有心而麁。二无相，謂无心而

校注

【一】「如弥」，唐本作「弥如」，中有倒乙符。「弥」係小字補寫。【二】「毗」，唐本小字補。【三】「翅」，唐本「支」上多一横，見黄征《敦煌俗字典》第二版。【四】「晝」，唐本作「盡」，依文義釋録。《阿毗達磨俱舍釋論》卷六：「如女餓鬼白浄命目乾連云：我夜生五子，晝時亦生五……」《法華經疏》卷一同。

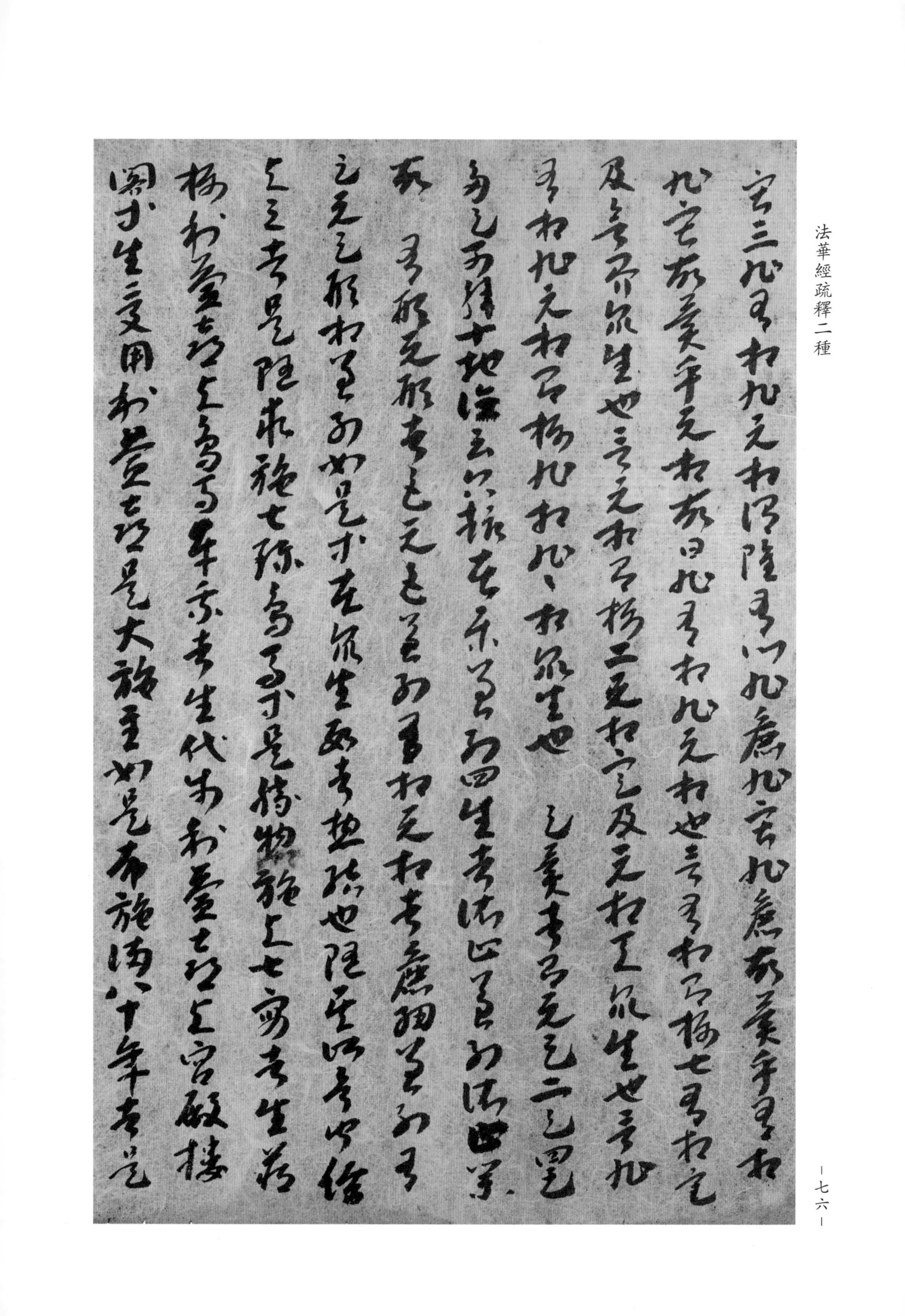

寂。三非有相非无相，謂雖有心，非麁，非寂。非麁故，異乎有相。非寂故，異乎无相，故曰非有相非无相也。言有相，即攝七有相定，及欲界衆生也。言无相，即攝二无相定，及无相天衆生也。言非有相非无相，即攝非相非非相衆生也。足異者，即无足、二足、四足、多足可解。《十地論》云：六趣苦樂差別四生者，依止差別，依止業故。有形无形者，色无色差別。有相无相者，麁細差別。有足无足，形相差別。如是等在衆生數者，摠結也。隨其所欲，皆給[一]与之者，是隨求施。七珎爲[二]馬等，是勝物施。与七寶[三]者，生藏攝利益喜。与爲馬車乘者，生代步利益喜。与宮殿樓閣等，生受用利益喜。是大施主[四]如是布施，滿八十年者，是

校注

【一】「給」，依《法華經疏》卷一釋之。此字，唐本似「經」。【二】「爲」，唐本形似「鳥」，《法華經疏》作「象」。下行「爲」字同此。

【三】「寶」，唐本上作「宀」，下作「母」。寫卷每見之。當是「寶」之草體俗寫。【四】「主」，字形似「至」。

長行施　彌勒當惠施一人之時福已難何況施多人之法內
無窮無量施但今內世界乘難實多者法施但今內二乘（財）
亦難分不死不殊米仙廣濟衆生於福而多隨喜功德大乘
亦難受多者無量無勝業難也　宗次之七功六家多
無論現已過十家初之七功六家勝無福理難為比　四校量
初從何於展轉但己已十着為令見情起生已報入從經者也
道界十信者也十信報信者根已米信者已方於但屢轉已
也十人受不多也　報中隨喜功果民來下八講聽法於何宗
又宮者為無根以於以報法根之天急道莊種人三品六品內乘多
為中品內乘多無以品內乘天宮民授五果非生世於居內八卜

二七三 長時施。弥勒答[一]：恵施一人之財，福已難側[二]，况施多人之法，得
二七四 其福豈可量。財[三]施但令得世間樂，離貧窮苦。法施但令得二乘
二七五 樂離分段死[四]，不能成仏廣濟衆生，故福而劣。隨喜能令大乘
二七六 樂離變易苦，欲量其勝，竿數難知。冣後之[五]喜最劣，
二七七 其福既已過前。冣初之喜冣勝，其福理難爲比。問：授量
二七八 㓛德，何故展轉但至五十？答：爲令有情超出五趣入資粮等，五
二七九 道昇十信等，五[六]十位起信等，五根[七]成信等。五力故但展轉至
二八〇 五十人，更不多少。聽聞隨喜果，此中取行詣聽法故，所以乘
二八一 天宫等爲其報，若以聽法報亦无邊。然往人三品，下品得乘象
二八二 馬，中品得乘寶輿，上品得乘天宫。此據世果，非出世故，病得卧

校注

【一】「答」，字形似「益」。【二】「側」，《法華經疏》卷一作「測」。【三】「財」，唐本小字補。【四】《法華經疏》卷一：「但令得二乘樂離分段苦。」【五】「之」，《法華經疏》卷一作「人」。【六】「五」，字形亦似「己」。【七】「五根」，唐本作「根五」，中有倒乙符。

記
言猶有所生者即是義疏第式人式又生於此〻妙名高
等即等於等所果以中法内色住一系名高大本於所等法如是修等位
土用增世即色有二果　以下初内果並不言生仙若由隱古
等法陰以中有後仙記未内正内人又等果於此所說　動記陰
古者果之由三以不生人於内三王生受以以内猶錄王生受者以
内有種生受以以内梵王生受也　之錄處是二言不生爲
言語不猶爲癡由高錄動人膝於之氏二處之氣處即是口
鼻元處語爲香語妄語爲鼻語由香語動力能於之氏鼻處
口中三寸爲舌人之面以爲口舌處即禁口處即二業由受語動人記
法於之舌禁處由正語動人記於之口二業處鹽處有以種語聲

聽。言轉身所生者，即是異熟果，或人或天生故。次上妙爲馬等[一]，即等流果。以聞法時欲住一乘爲馬大車，故得等流如是勝果，其士用增上即通前二果。問：何故得果並不言成仏？答：由隨喜等法师品中，皆授仏記。未明近得人天等果，故此別説。勸聽隨喜果，亦由三心分坐，人故得三王坐處，下品得轉經王坐處，中品得帝釋坐處，上品得梵王坐處也。无聲惡有二，言不出爲瘖，聲不轉爲瘂。由高聲勸人聽，故无此二惡。无氣惡，即是口臰。實語爲香語，妄語爲臰語。由香語勸力結故，无此臰惡。口中三等[二]爲舌，人之面門爲口。舌病則噤，口病則爽。由耎語勸人聽法故，无舌噤惡。由正語勸人聽故，无口爽惡。齒惡有六種，薄䵔

校注

【一】「等」，唐本少右上點。【二】「等」，《法華經疏》同，當是「寸」。

為黑淡赤為黄草穢為緑中倚為斜敧者不正之形曲者如鈎
之像由遮故於動人眼於想内充滿六處看之處塞者柔也
縮者短也急澁者以皮膚麁澁者埦之突折不正者口不端也
厚者表裏色肥大者東西狹度犁黑者白之丹色可處
者人不喜看由厚故於動人眼於想内充滿十處腑腣者高
以不平曲戾者東西不正由鼻發於動人眼於充滿二處面黑
者黑色之經頗模長者形鬚滿月頭注者邊高中以曲令喜看
正面動人眼於充滿處也　言由生於動和妙法令他内中於感于
法令中猶若佛生一受由令他意和於感于法自内意和於由發言
和動了人務面中七受有内生於於感于法顧法處和而模善柔

爲黑，微赤爲黄，本闕爲疎，中傷爲缺，差者不正之狠[一]，曲者如鈎之像。由齒發聲動人聽故，揔得无此六惡。脣[二]无惡褰者烝也，縮者短也，麁澁者以皮皴，瘡緊者增之宍[三]坼，不昌者口不戾也，厚者表裏過肥，大者東西越度，黧黑者自无丹色，可惡者令不喜看。由脣[四]發聲勸[五]人聽故，揔得无此十惡。[六]⿰月扁⿰月弟者高下不平，曲戾者東西不正。由皐[七]發聲勸[八]人聽故，无此二惡。面黑者无色之紅顔[九]，狭長者形虧満月，窪者邊高中下。由含喜正面勸人聽故，无此惡也。良由出聲勸聽妙法，令他得聞，故感等流，令聞持菩薩共生一處。由令他恵利，故感等流，自得恵利。次由發言相勸，事藉面門七處，方得出聲，故感等流，離諸惡相，而獲善果。

校注

【一】「狠」當是「貇」之俗字，見《敦煌俗字典》，今作「貌」。【二】「脣」，唐本「月」作「目」，當是訛誤。【三】「宍」，「肉」之古字。

【四】「脣」，唐本作「辱」，據《法華經疏》卷一改。【五】「勸」，唐本作「動」，據《法華經疏》卷一改。【六】《法華經疏》卷一：

「由脣發聲勸人聽故，總得無此九惡。」【七】「皐」，「鼻」之俗字。【八】「勸」，唐本作「動」，據《法華經疏》卷一改。【九】「无色之紅

顔」，《法華經疏》卷一作「色乏紅顔」。

通身義證不次七用增上四果陀菩薩為當前以之也

法師功德品　言因名以表第九者精進者不能行故常

精進也受持是念相續讀誦書寫是為書三受是信力續通

書寫是精進力轉説是通教之力一所通在生有念為已業

所為已因之　言此根功德分釋不同一云依此經唯把已以名

以五以世稱深婆羅菩薩自化教化衆生十八更互相資故衆生為

以菩薩為十波羅蜜之法勸衆生故衆生之以之感果衆生功德

隨根者菩提故衆生六千三根者羅明功德續説步故法以為得餘續

多故千言　二云名菩薩以菩薩自化自教化讚勵勸故衆生六

菩薩為衆以之助衆故衆生二千由此本之三品不同故衆生六千六

通有異熟等流，七[一]用增上四果，隨義屬當可以意知。

《法師功德品》。言因名以表義，非常精進者，不能行故，告常精進也。受持是揔相，讀誦書寫是別相。受是信力，讀誦書寫是精進力，解説是恵力定力，一心通在其間。揔別五業，即爲五因。言六根功德，六釋不同。一云：即依此經，唯起五行，即以五行，如解深密。經[二]並有自作教作成十行，更互相資，故成百行。並爲十波羅密之所助成，故有千行，千行感果，有千功德。隨根別上論[三]故有六千。三根於經功德，讀既少故唯行百，所餘讀多，故千二百。二云：即前五行，並有自作[四]教他讚勵慰，故有廾行，並爲百行之助成，故成二千。由下中上三品不同，故有六千行。行

校注

【一】「七」，字形亦似「士」。【二】「經」下，據《法華經疏》卷一，當補「是人得八百眼功德至千二百意功德者」。【三】「論」，似「輪」，亦似「綸」。【四】「自作」，唐本爲「作自」，中有倒乙符。

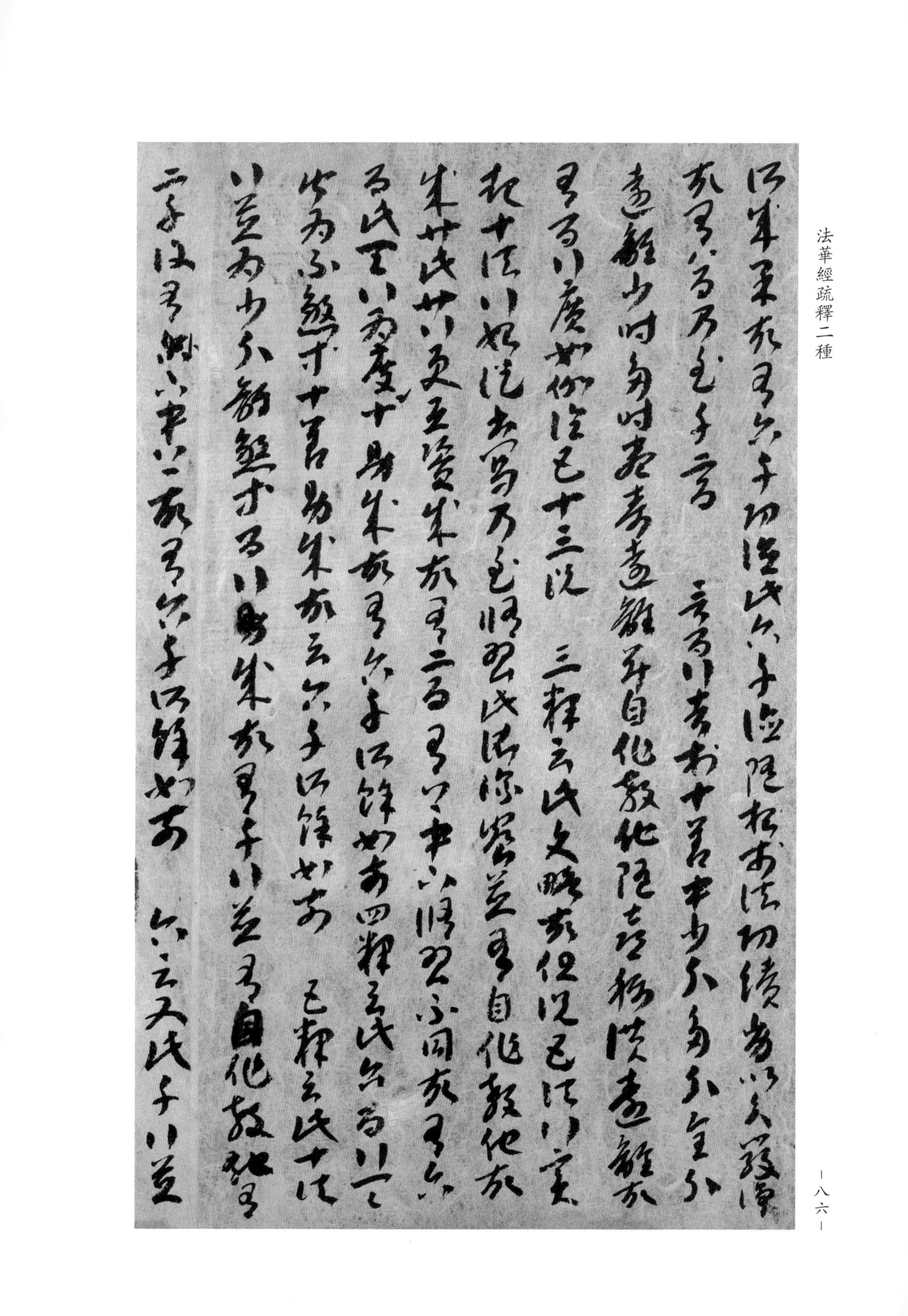

所成果，故有六千功德，此六千德隨根於法。功讀劣以分嚴淨，故有八百乃至千二百。言百行者，於十善中，少分，多分，全分。遠離少時多時盡壽，遠離并自作教他隨喜稱讚。遠離，故有百行，廣如《伽論》五十三說。三釋云：此文略故，但說五法行，實起十法行。始從書寫，乃至脩習。此依《深密》，並有自作教他，故成卄[一]，此卄行更互資成，故有二百。有上中下脩習不同，故有六百。此一一行，爲十度[二]助成，故有六千，所餘如前。四釋云：此六百行，一一皆爲不煞等。十善助成，故云六千，所餘如前。五釋云：此十法行，並爲少分離煞等。百行助成，故有千行。並有自作教他有二千。復有下[三]中上，故有六千，所餘如前。六云：又此千行並

校注

【一】「卄」下，當有「行」字。【二】「十度」，唐本爲「度十」，中有倒乙符。【三】「下」上，唐本有一字，刪。

爲六度皆來報身六千八條義也等　眼根果二一業根得
密業所生二是意眼根得現修所成父母所生者以是
果報也清淨肉眼者得是清淨諸世以是報爲其外根能見
於三千世界者見壞建立雜以證云於中根得天眼見小千
世界得肉天眼見二千世界修覺不方便見二千世界方便
見三千世界仙不方便見三千世界方便見无量无邊
見千三千世界精之不方便者是用根得天眼方便者
是用根得天眼令眼根種力故肉眼令見三千眼力大故不見三
千外者故六度證云三千界外是風輪之眼根連故不能見也
內外江河山林河海者有證見一寶香一百世云見大不見小如達

四二三 爲六度助成，故有六千行，餘義如前。眼根有二，一果報，謂
四二四 宿業所生，二長養眼根，謂現緣所發。今言父母所生者，明是
四二五 果報也。清淨肉眼者，明是清淨體也，以是地前卄分段報故。見
四二六 於三千世界者，見境遠近。《雜心論》云：「聲聞報[一]得天眼，見小千
四二七 世界。脩得天眼，見二千世界。緣覺不方便，見二千世界。方便，
四二八 見三千世界。仏不方便，見三千世界，方便，見无量无邊億
四二九 百千三千世界。」釋云：不方便者，是用報[二]得天眼。方便者，
四三〇 是用脩得天眼，今明持經力故。肉眼亦見三千，明力大也，不見三
四三一 千外者，《智度論》云三千世界外有風輪，与眼相違故不能見也。
四三二 內外所有山林河海者，前雖見寬，其間或云見大不見小，如遠

校注

【一】「報」，《法華經疏》卷一作「根」。【二】「報」，《法華經疏》卷一作「根」，但下文云：「真諦明此言報得天眼。」

見大山不覩小物或見遠不見近如遠觀日雖不見眼睫之明大小
遠近一切悉見一四天下八大山八大海如是三千大千世界百億
八大山百億八大海百千中鐵圍一大鐵圍三千中小山海渚河不
可得數如是悉見　何為名肉眼者未來業報說為天眼者
未來說若名肉眼者肉眼見現在色不見者未來業報為天眼者
者云何從父母所生肉眼者說若因天眼報為者者於從天眼者當
眼見人死時色生滅者未來如是眼者未來此名為天眼強力
天眼報者上復如是於天眼者非天眼者也　眼報長八十劫果報
天眼所見為前二劫易竟於從業眼報從者前人報天眼為父母所生
乃至天眼生天不來通於四生天兩前所通業報生更眼報化

四三三 見大山，不覩小物。或見遠不見近，如遠觀日輪，不見眼䁋[一]。今明大小
四三四 遠近一切悉[二]見。一四天下有八大山，有八大海。如是三千世界有百億
四三五 八大山，百億八大海。有千中鐵圍，有[三]一大鐵圍，其中小山、小[四]海、諸
林、諸[五]河，不
四三六 可稱[六]數，如是悉見。問：爲即肉眼知未來業報耶？爲有別智知
四三七 未來耶？答：即肉眼知者。肉眼見現在色，不应知未來，若有別智知
四三八 者，云何説父母所生肉眼知耶？答：因宍眼起別智知，故説宍眼知。宍
四三九 眼見人死時生時[七]色，意識知未來，如天眼知未來。此亦尔[八]故。今由經力，
四四〇 宍眼起智，亦復如是。故云：宍眼知，非即宍眼知也。眼報長行中，先舉能
四四一 見，次明所[九]見。爲簡變易，意願所成眼故。説欲界人趣分段爲父母所生，
四四二 乃至宍眼。其實分段通於四生，又爲簡別通果脩生天眼，故作

校注

【一】「䁋」，《法華經疏》卷一作「睫」，字同。【二】「悉」，唐本原作塗去，右小字作「悉」。【三】「有」，唐本小字補。【四】「小」，唐本小字補。【五】「林諸」，唐本小字補。【六】「稱」，唐本原作「勝」，右改「稱」。【七】「生時」，唐本小字補。【八】「尔」，唐本原作「名」，右改「尔」。【九】「所」，唐本小字補。

是以下足亦六所足主中文有二初明之外器者横望不同遠近
後明竪者三千也於河海内外者是七金山内及外所有
山林河海等云内外也望者是阿鼻至有頂所居之處
有情界也業者是善惡情界也因者是名言習氣生
緣者是根塵境識等及熏習名言習氣以為親因業為
增上緣識為親理緣等及為業所緣由此勢力所生内身及國
根似名等依業是因業性隨有引滿名業熏親六識不同名為
生受善惡眼根及至身根但是因緣所生果六識果根
不同名是果報生受根眼是三重習識名依眼及成六識
所有作用以根力增依名眼是等此意是通是六識六文此難眼

是說。次見於下所見之中，文有二別，初見外器有横竪不同，遠近差別。横即三千至於河海内外，即是七金山内及外所有山林河海。故云：内外其竪，即是阿阜[一]。上至有頂，次亦見下，見有情界。其業即是善惡，諸善其因即是名言習氣，其緣即是根隨煩惱。[二]或我見熏習名言習氣，以爲親因業爲增上緣，或爲能潤緣，我見爲差別緣。由此勢力所生肉[三]身与因相似，名等流果，与因異性。雖有引満名異熟報，六趣不同，名爲生處，並眼照及意耳，知眼根但見因緣所生果。六趣果報不同，名見果根生處，非即以眼見。三熏習，或即依眼發得六識，所有作用以根力增，俱名眼見故。此知見通見六境，下文皆然。眼

校注

【一】「阜」，「鼻」之俗字。【二】《成唯識論》卷八：「因謂有漏無漏二業正感生死，故説爲因。緣謂煩惱所知二障助感生死，故説爲緣。所以者何？生死有二：一分段生死，謂諸有漏善不善業，由煩惱障緣助勢力所感三界麁異熟果……二不思議變易生死，謂諸無漏有分別業，由所知障緣助勢力所感殊勝細異熟果……」【三】「肉」，唐本作「内」，據文義改。《大智度論》卷五十：菩薩雖於七地得智慧力，猶有先世因緣，有此肉身。

第七經以花嚴經此經明唯初肉眼暨乎佛用五分名通天
眼明眼無礙眼良由通照內外山河石壁內外無礙眼又於七見業果
生受苦分明天眼大口又第須石通照光明於分明明眼由經
備力經第此眼根用物本但是肉眼於云乘明天眼肉眼力如
是四天界他是香地何於第香無已聲於三境聞鼻根於
但名香經七佛大菩地第四處第云何香化此何段於七此
文但於三境聞鼻名香聞第已地名段石已聲味於聞鼻
但同名香於內界已界三境香　第何於第二聲下此第云
何若第有釋一為作通中第天眼耳通云何鼻舌三於於
第三第天呈鼻舌但第云何作生二為影聲由得三中第文何

有十[一]種，如《花嚴》說：此經所得唯初肉眼，暨乎作用，亦可分通天眼，明眼，无礙眼。良由通照内外山河，即分得无礙眼。又能知見業果生處，即分明天眼。又上見有頂，即通照光明，故分得明眼。由經勝力，雖有此能攝用，歸本但是肉眼。故云未得天眼，肉眼力如是。問：色界非是香地，何故有香？答：色聲觸[二]三境對鼻根，故俱名香。雖知仏大菩薩地屬[三]四慮有无漏香化此所説，故知此文但約三境，對鼻名香。若有色地合説，即色聲味觸，對鼻俱得名香，故得聞色界三境香。問：何故前二簡具，此簡无漏？答：有兩釋。一爲六通中有天眼耳通，无别鼻等三根，故前二簡天其鼻等，但簡无漏所生。二爲影顯由後三簡[四]无漏，

校注

【一】「十」，唐本原作「十」，上有墨迹，右小字補書。【二】「觸」，唐本字形似「獨」。【三】「屬」，疑當作「前」。【四】「簡」，唐本原作「聞」，後改作「簡」。

出苦三界於苦不免須得生　問何故降伏通唯在二乘及

菩薩若由初二根不起能治於內通也除障盡境後之三根

唯起能治是故不得依通盡也　問前爾所故何故此説根

並能盡也若不因雖力依根亦境界乃起二門非有為

亦因雖力為根並通起及不起故此皐根盡也三乘及八

無頂　問由此雖力根能盡也根起此起也不起為此力

根若唯內知根無起不起答知此之根勢觀像唯內此起

等之不起　問知根等知解起不起者本影二境中知何

境此若起根知本質是起不起不知影像　問何故起

根但亦本質能依之此乃亦影像若起根唯亦本八此境

知前亦尔，故前不簡[一]无漏所生。問：何故餘教通唯在二，不及鼻等？答：由初二根不至能取故，得通知隔障遠境。後之[二]三根唯至能取是故，不得發通遠知。問：若尔，何故今此諸根並能遠知？答：不因經力，諸根取境有色。不[三]至二門有[四]別，今因經力，亦根並通至及不至故，此鼻根遠知三千及以有頂。問：此由[五]經力，根能遠知，根必識合。此至不至爲識爲根？答：唯得約根，有至不至。若也[六]約識，識必帶影像。唯得說至，曾无不至。問：約根差別并[七]至不至，於本影二境中約何境說？答：色根約本質有至不至，不約影像。問：何故色根但取本質能依之識，即取影像？答：色根唯取弟八識境，

校注

【一】「簡」，唐本小字補。【二】「之」，唐本小字補。【三】「不」，唐本原寫不清楚，右改「不」。【四】「有」上，唐本原作「色」，删。【五】「此由」，唐本作「由此」，中有倒乙符。【六】「也」，唐本小字補。【七】「并」，唐本字形似「弁」。

能示本覺也識但示因所藏境示唯識像由已也故唯示
八識以具在性相及所執之受是不離末八識能緣所識像
依示他識中境所謂是理唯示本覺　問若爾也相互能依
識能見示境不相同境若由識覺境同一界受能緣所同境
不應於中所不識覺　答如來云所是中也相因示他界此
自類能若由相種力乃也因支事由支力示也能示他界地
又識生所類能通二生二界也境能因通示差示自識境如離
隨識許自類能通二是以示象地也境殊樓山者說云高山生田
是山所殊山若說云如高山　有相若依色殺見十種乃一界說
能二類中類能三中二系能四中其類也中離受如中第七

故取本質五識，但取自所變壞[一]故，唯影像由五色根。唯弟八識上有相似根及所執受，即是不難弟八識躰。若取影像便取他識中境，爲此道理，唯取本質。問：若尔，色根与能依識，應各取境，不名同境？答：由影質境同一界處故，説同境不廢於中，仍分影質。問：若尔，云何此中色根得取他界，非自賴耶？答：由持經力乃至得定者，由定力故，亦能取他界地，又亦[二]可賴耶。通變二界色境故，得通取還[三]取自識境，如難陁義許自賴耶。通變上下異地色境弥樓山者，此云高山亦曰[四]光山。須弥山者，此云妙高山。耳根若依《花嚴》有十種耳，一聞讚聲，二[五]聞毀聲，三聞二乘聲，四聞菩薩聲，五聞難處，六聞善趣，七

校注

【一】「壞」，唐本字形亦似「堆」。【二】「亦」上，唐本有「此」，删。【三】「還」，唐本字形似「遂」。【四】「曰」，唐本字形似「田」。

【五】「二」下，唐本有「聲」，删。

中仙道八中法界九中菩薩十界中聲聞羅漢聲聞
無量中聲聞辟支佛中緣覺不起求心中菩薩聲
發起能畜生特之心中地獄畜生餓鬼阿修羅王修羅一切雜
變貌音聲發起大慈悲心同應發中人天諸勝妙音
聲聞一切法界眾生中仙同道音聲勤修精進究竟之一切
切道中波羅蜜四攝菩薩菩提音聲究竟之心到於彼岸中十方
其界川一切音聲悉了如響菩薩摩訶薩因發心乃至道場中
正受法平而立不捨教化眾生一切眾生此法花經但此中聲
不顯同體理花同花嚴是顯是同而三顯諸經七發八義
前後分發八略之第十　鼻根於法花嚴第十鼻不同已隱

聞仏德，八聞法寶，九聞普聲，十常聞聲。故經云：聞讚嘆聲，斷貪愛。聞毀呰聲，斷除嗔恚。聞聲聞緣覺，不起求心。聞菩薩道聲，發起歡喜奇特之心。聞地獄畜生、餓鬼、閻羅王、阿脩羅一切難處貧苦音聲，發起大慈荘嚴而同荘嚴。聞人天趣勝妙音聲，觀一切法皆悉无[一]常。聞仏功德音聲，勤脩精進究竟滿足一切功德。聞波羅密四攝菩薩經藏音聲，發究竟心到於彼岸。聞十方世界一切音聲，悉了如響。菩薩摩訶薩[二]，從初發心乃[三]至道場常正受法耳。而亦不捨教化，成就一切衆生。此《法花經》但明聞聲，不彰得離，據理應同《花嚴》，有離有得。前三離障，後七發行。或可後六發行，略无弟十。鼻根若依《花嚴》有十鼻不同。即隨

校注

【一】「无」，唐本小字補寫。【二】「薩」，唐本作「𦬇」。【三】「乃」，唐本初作「及」，右旁寫「乃」。

次中次明鼻中於是十畢於此經云次中種氣觀察不鼻次中
香氣等觀察不香次中香鼻觀察柔丁中凡香凡自鼻觀
察擇體中有觀林言川已及方文若香名知收人貴惠恩處
寸分樣然中大大家菩薩法華等香光就了知一切家菩提中
色於鼻地獄以色凡有受眾生之香光就了知法根本以
中鼻中施於中莫香住一切知以來等殺記中之一切菩以香根
下如來智地中一切佛知垢開香不聞廿廿次以此法花經但中
有垢不起觀知花嚴等中香起觀以文二分　以等本只眾林之
有凡種香元等以有頂五重從若有頂可許之香上通可
之及不有之存等寸香又有同香垢上通已垢第鼻根於

所聞以别能聞，故有十臯。故彼經云：「所聞穢氣，觀察不臰。所聞香氣，觀察不香。所聞香臰[一]，觀察平等。聞非香非臰，觀察[二]捨離。聞衣服牀辱[三]卧具及身支莭[四]香，則知彼人貪恚愚癡等分煩惱。聞涅槃寶藏諸藥草香，悉能了知一切寶藏。聞下至阿臯地獄，上至非相處衆生之香，悉能了知諸根本行。聞聲，聞施戒[五]，聞恵香，住一切智心未曾散[六]乱。聞一切菩薩行香，攝取如來智地。聞一切仏智境界香，不斷菩薩所行。」此《法花經》但聞前境不起觀智，《花嚴》即聞香起[七]觀以分二别。問：草木藂林与前非情香，竟有何别，須更重說？答：前唯可[八]意香，今通可意及不可意，并平等香。又前約香境，今通五境對臯根故，

校注

【一】「臰」，唐本原作「臯」，右旁寫「臰」。【二】「察」，唐本欄外補寫。【三】「辱」，當爲「褥」。《大方廣佛華嚴經》卷四十一作「褥」。【四】「莭」，同「節」。【五】「戒」，唐本作「屬」，據《大方廣佛華嚴經》卷四十一改。【六】「散」，唐本作「教」，據《大方廣佛華嚴經》卷四十一改。【七】「起」，唐本小字補寫。【八】「可」下，唐本有「言」，删。

何名爲香 以色無色界云何有香若欲界無應業果是
香法愛以被細色有故 須曼那者此云好意華提者此云
生五日實時瞻蔔者此云黃花五日金色花波羅羅者此云
重花 停訖 波利質多羅者此云度種種拘鞞陀羅者此云大遊戲
地故 生因果故及無用者此言那羨生之前的以因故能
不二是起香味求色後後二是之之時實用非法重者又是依宜
勢力術多唯能受起色能獨三香味之前的以因不能受起
設二是無用非無依以又二系不能受起香味二種非法共又以是
界爲本繁者是色境以下界色本繁者之香味二亦界起之
種子所託二種因故天二是色界下是色種二是色界境但唯是

五〇三 俱名爲香。問：色无色界云何有香？答：彼界无麁業果，色
五〇四 香法處所攝細色有故。須旻那者，此云好意。閣提者，此云
五〇五 生，亦曰實。瞻蔔者，此云黃花，亦曰金色花。波羅波羅者，此云
五〇六 重。佇龍[一]。波利質多羅者，此云護種種。拘鞞陁羅者，此云大遊戲
五〇七 地破[二]。生因闕[三]故，及无用者。此意顯異生定前加行因故，不
五〇八 能[四]變起香味等色，設復變之无彼實用。非諸聖者，又有漏定，
五〇九 勢力微劣，唯能變起色聲觸三香味，无前加行因不能變起，
五一〇 設變无用非无漏心。又二乘不能變起香味二種，非諸菩薩。又以欲
五一一 界爲本質者，具五境以上界色本質者，无香味二上界起，无
五一二 種子所託二種因故。又變欲界具有五種，變色界境但唯有

校注

【一】「佇龍」，《法華義疏》作「佇龍切」，《法華經疏》卷十一作「平聲」。【二】「大遊戲地破」，《法華義疏》卷十一作「大遊戲地地破也」，《法華經疏》卷一作「大遊戲破地」。【三】「闕」，唐本原作「果」，右旁改之。【四】「不能」，唐本原爲「能不」，中有倒乙符。

三隨其之故得證二乘法無之實用華嚴是故外云果也
不二乘香味花嚴經説菩薩鼻根中之色界宮殿之香此經之
指此經故得意思淨身色其修初生正法中香者須菩提
界香熟先元香味得非實果此是得香　此種法形通力
二乘者此通果之也又枝作形變力二乘者之境也之果
也其二乘用外人數以為二乘用也二乘大地為金剛須海為藉
酬之境也之實用數以不知故　作也顯現者此法地之作語
執實之而顯現故外法者作之其二武明之語可作華嚴
二乘之故二乘作之者根外法花嚴經十種香得外子解説一切衆生
之者小香分子解脱之者法香演説法化之者功德香之者麟

五一三 三。隨有无故，謂託變彼，亦无實用，本質无故，若定果色，
五一四 不變香味。《花嚴經》說：菩薩鼻根，聞无色界宮殿之香。此經云：
五一五 持此經故，光音遍淨乃至有頂。初生退後，聞香悉能知彼
五一六 界異熟。先[一]无香味，若非定果，此是何香？此據依形通力
五一七 變者，此通果色也。彼據似形定力變者，定境色也。定果
五一八 色有實用外人散心得受用也，變大地爲金銀，巨[二]海爲蘇
五一九 略，定境色无實用散心不見故。似色顯現者，此依地色似所
五二〇 執實色而顯現故。對法言似色了別，或眼意所取。似本識所
五二一 變色，故言似色。舌根若依《花嚴經》十種，舌謂分別解說一切衆生
五二二 无盡行。舌分別解脱无盡法。舌讚歎諸仏无盡功德。舌无盡辨。

校注

【一】「先」，唐本原作「光」，右旁改之。【二】「巨」，唐本作「臣」，訛。

者演說是為大乘法名菩薩度以十方虛空界名菩薩照一切佛世界
名平等法顯一切眾生名隨順法佛法教化名降伏一切魔及法
外道降伏一切眾生行攝益之眾生也菩薩名以此法等修是菩度
菩照三種名從自體法名為三種所攝之文同此義一切是
方相分法花嚴但說十對法受相為得人為凡人為了為子為
是字為殊覺為菩如來為摩覺摩為是法為以此言是為
隨類教化不同此經　者相為好為醜者不求食中以為也
相各親書翻四界之中一切事者好不可思議醜味界書
言多義不可言多不美言者濃者甚鹵味中不可言味
濃不以甚稠中不可言獨此中也域之來食殊不相離故

五二三 舌演説无盡大乘法。舌普覆十方虚空界。舌普照一切仏世界。
五二四 舌平等讚歎一切衆生。舌隨順諸仏法歡喜。舌降一切魔及諸
五二五 外道。除戚一切生[一]死煩惱，悉令衆生至涅槃。舌，今此《法華》唯无普覆、
五二六 普照二種。舌德自餘諸舌名言雖別，義意亦同，尋文可悉。
五二七 身根若依《花嚴》，但現十類諸異相。身謂人身、非人身、具身、李身、
五二八 无李身、緣覺身、菩薩身[二]、如來身、摩㝹摩身、无漏法身。以此實身。
五二九 隨類起化，不同此經。舌根若好若醜者，即段食中，所有色
五三〇 相名聲香觸四界之中，可意名好，不可意名醜。於味界中，可
五三一 意名美，不可意名不美。言苦澁者，苦即六味中不可意味，
五三二 澁即所造觸中不可意觸。此由[三]五境与段食躰不相離故。

校注

【一】「生」，唐本小字補。【二】「身」，唐本小字補。【三】「由」，唐本原作「申」，右改作「由」。

一受名以色亦舌根並生以味作是不知舌根互用確治持礙依
者舌根由尚互用無礙以色中能嗅香尚能不唯知味如前
前鼻色根法境作名為香此上意亦前舌法境作尚名為
味　以何故不同意受味境者前依知味是善不美苦辛鹹
淡等名色不色舌依礙知亦此形此礙受果以味為作色舌
是故不言意知三千反色是領　次根言法意知其盡若人
者一現死生分育死時以下好醜者是法得以下勝報言其時
以下好醜者式同以生女好向以生女醜式可以不知其釋其好
醜者是是中是黑白二和之為好醜二現法山是情三現以下
是情四現法一生以法　以此由現力以現色像為在其境而

一處合説至於舌根，變成上味。仍是不約舌根[一]互用礭論持經假者，舌根由得互用，亦能照色、聞聲、嗅[二]香、得觸，不唯知味。如前對鼻色界諸境俱名爲香，此亦應尒，對舌諸境俱得名爲味。問：何故不得遠處味境？答：若汎知味有美、不美、苦、辛、鹹、淡等，即至不至，舌俱能知。今此顯此能變成上味，必須至舌，是故不言遠知三千，及至有頂。身根言得清至喜見者，一現死生分。斉[三]死時上下好醜者，即倫觸上下微起；言生時上下好醜者，或向上生名好，向下生名醜。或可上下如前釋，其好醜者，即是中有黑白二相，名爲好醜。二現諸山有情。三現上下有情。四現諸其説法。問：此由經力所現色像，爲在身境兩

校注

【一】「根」，唐本小字補。【二】「嗅」，同「嗅」。【三】「斉」，「齊」之俗字，見《龍龕手鏡》。

法中有爲名方中爲由方方意唯本境若名如一切名宗名
在鏡面爲法中有名名影像名如聲響名於鏡中名似
影現難把實名名如大乘釋論說雖求心鏡求爲緣意見本
質月面求境以此爲理名除由理根故淨方如此明鏡以爲增緣
之眼根等(照)本質好醜境界亦似方中現(改)影像廣釋如鏡愛
上仙因撰故云方現法境定實法此淨方唯見本境亦只意
淺化方乘釋　意根名清花蔽量十種意明亡無名意生生
一切善根故隨順仙教意如說修行故深入意釋一切佛法故內
意深入衆生希望故不亂意不爲外境所亂故清淨意不受
境染故善調伏意不失時故正思惟業二云意離一切法正觀故

法中間。爲即身中，爲由身力遠照本境？答：若如一切有宗，即在鏡面兩法中間，別有影像，別如譬喻，教[一]即於鏡中，有似影現，躰非實有。若如大乘《解深密經》等，以鏡等爲緣，還見本質，月面等境。以此道理，即證由經獲得浄身。如彼明鏡，以爲勝緣。令眼根等照[二]見本[三]質好醜境界，欲似身中現彼[四]影像，廣釋如餘處。

今仏約機故云別現諸境，其實依此浄身照見本境。弟六意識，作身中解。意根，若依《花嚴》有十種。意謂上首意，出生一切善根故。隨順仏教意，如說脩行故。深入意，解一切仏法故。內意，深入众生希望故。不乱意，不爲煩惱所乱故。清浄意，不受垢染故。善調伏意，不失時故。正思惟業意，遠離一切諸惡故。

校注

【一】「教」，唐本字形似「部」。【二】「照」，唐本小字補。【三】「本」，唐本原作「來」，右改作「本」。【四】「彼」，唐本小字補。

調伏諸根宣如垢開中法根不犯猶故除入定惠化三昧不注

可稱故　元嘉中十一偈一句者內法難通達元量是道義

者內義辯演說一句一偈至一月四月一年者內解辯演說義趣

如是實相不相違背者內名樣辯　者不離此品　此品本

二三九界六因一顯諸妙力元以　二為發菩薩　三為持者晚也　四為

華自說來　已為顯通說　六為菩薩是級　七為時也宜上中　八為

法通為證　二顯諸妙力之上者　六為持開妙法功德迹內淨根

通來仏受故經云十方現者諸妙力之光放餘殘時多羅花七

二為發菩薩者如經初說持法花者罵詈誹謗獲大罪報

如常不說者如難者常口此未法說三正法內功德如何法師功德品

五五三 調伏諸根意，於境界中諸根不馳騁故。深入定恵仏三味意[一]，不
五五四 可攝故。无窮中聞一偈一句者，得法辨。通達[二]无量无邊義
五五五 者，得義辨。演説一句一偈，至一月四月一歲者，得辞辨。所説義趣，
五五六 皆与實相不相違背者，得應機辨。《常不輕菩薩品》。此品來。
五五七 意凡有八因，一顯勝妙力无上，二爲結前善惡，三爲引古證今，四爲
五五八 舉自[三]證成，五爲顯通記，六爲善惡有徵[四]，七爲時會宜聞，八爲
五五九 流通當記。言顯勝妙力无上者，良爲持闡妙法功能，近得浄根，
五六〇 遠成仏果。故論云：十者[五]示現勝妙[六]力无上故。餘殘脩多羅，應知
五六一 言爲結前善惡者。如經初説持《法花》者，罵詈誹謗毀大罪，報
五六二 如前所説者，如《譬喻品》末所説。言其所得功德，如向《法師功德品》

校注

【一】「意」，唐本小字補。【二】「達」，初看似「連」，細看「車」下爲二横。《法華經疏》卷一作「達」。【三】「自」，參五六四行「言𥝌自證成者」而釋。【四】「徵」，唐本字形似「徽」。【五】「者」，唐本小字補。【六】「妙」，唐本作「沙」，據《妙法蓮華經玄贊》卷八、《法華論疏》卷三改。

所況　言為行者從六者為方點明由於法界內外根清淨故

物生稱道行不離中離根果從方便　言華自從末者

方謂從由於界故內外根淨六行化自在明此離根清淨根本

為尊勒　言為對道記者離一部授記有二是如來為記二

是菩薩道記已為法界明為記此界為明菩薩道記　言菩薩

是嚴者新此不離為於離故根六根淨法離四能非為不離亦名

道淨出說實新國果以勤是清淨生虛識後二身七分深亦

此求不敢離壞者為此本是因性住化性言法以言何汝求汝行

菩薩者為此是是行生化性言菩內化行化者為汝者是是內

果化性不壽讀誦受持者壽明身不離淺離者壽時口不離

五六三 所説。言爲引古證今者，爲前品明由持法故，得六根[一]淨。恐

五六四 物生疑，遂引不輕[二]聞經獲果，證前非妄。言舉自證成者，

五六五 前雖汎[三]説由持闡故，得六根淨。今仏引[四]自曾脩此經獲清淨根以

五六六 爲獎勸。言爲顯通記者，經一教[五]授記有二，一是如來別記，二

五六七 是菩薩通記。已前諸品多明別記，此品爲明菩薩通記。言善惡

五六八 有徵者，彰此不輕爲持經故，獲六根淨。所餘四衆嗔罵不輕故，名

五六九 墜塗炭。寄斯因果以勸有情，令其懲誡。後二易知，我深敬

五七〇 汝等。不敢輕慢者，爲汝本有自性住仏性。言所以者何？汝等皆行

五七一 菩薩道者，爲汝即有引出仏性。言當得作仏者，爲汝當有至得

五七二 果仏性。不專讀誦礼拜者，專脩身不輕。讚歎者，專脩口不輕。

校注

【一】「根」下，唐本有「清」，點刪。【二】「輕」，寫卷與「經」易混。【三】「汎」，唐本小字補。【四】「仏引」，唐本作「引仏」，中有倒乙符。【五】「教」，唐本字形似「部」，亦似「都」。

此菩化仙專非言不離　杖木以打之瓦石以擲之忍受而瞋汪
以是避而遠住然更不申記兩以高聲唱是言　四大神通力
者是第五根清淨力也　示說離力者是第兩人廣說力大
菩薩力是第六根清淨力以偈頌以偈頌說者由不離佛說
三力故又由得六根清淨增位故又云神通以化以通力故能隱
攝深說正法名為示說其難現通說法以得寂之執云大菩薩宣
力又六根得通故名為大由得六根清淨故能示說由得定根
離執性靜故云菩薩寂故度說四云菩薩勸化眾生所以常生
仙所養新學菩薩未入菩薩位未得阿毗跋致未受記不衆意難
法化使增長根未離於佛因不能度世能度人如少湯扐捉

五七三 汝當作仏，專脩意不輕。杖木以打之，瓦石以擲之，恐其得罪，所
五七四 以走避而遠住。恐其不聞記可，以高聲唱是言。得大神通力
五七五 者，是前更增壽命力也。樂説辨力者，是前爲人廣説力，大
五七六 善寂，力是前六根清淨力。上慢所以信伏隨從者，由不輕得此
五七七 三力故。又由得六根清淨功德故，具足神通以他心通力故，能隨
五七八 機巧説正法，名得樂説弁。雖現通説法，心仍寂定故，言大善寂
五七九 力。又六根俱通，故名爲大。由得舌根清淨，故能樂説。由得意根，
五八〇 離乱垢静，故云善寂。《智度論》問云：菩薩懃化衆生，何以常生
五八一 仏前？答：新學[一]菩薩未入菩薩位，未得阿毗跋致，未受記別。若遠離
五八二 諸仏，便壞善根。未離煩惱，自不能度，安能度人。如以[二]少湯比投

校注

【一】「學」，唐本小字補。【二】「以」，唐本小字補寫。

大冰交異米氷　熟化為三一化為方二化為圓三化為隱化為
方者化自化方為化自方者一或多如是求精化為圓者化以
氣露飲食等法如是也求化為隱者妙音廣音殺業等
自化如是一切　以化仙等重所以生舍似如雜相若無燈七個
皆信受於如化術能成國者無為娑羅門珠王仙燈感動
群心亦來或此隨政樂家便化制法之仙舍狂記仙語者稱
也有重舫仙為四國人也星仙等靈生餘而出值一在母交
人持我花器米鼻洗澀生之弃之見化雜好餘空足食熟
境白仙因無設供見小疑向已此黎食所者而取仙七五
意敬信清淨中無愛之語何雜言是者女人以施食

大冰，反更成冰。能化有三，一化爲身，二化爲境，三化爲語。化爲身者，他自化身。爲化自身，或一或多，如是等類。化爲境者，化以衆寶，飲食具，諸如色[一]等。化爲語者，妙音麁[二]音繫屬自他，如是一切。問：仏德尊重，何以出舌似如輕相？答：欲證甚深，令信受故。如仏於舍衛國，欲到婆羅門城。王知仏[三]德，感動群心。今來到此，誰[四]復樂我。便作制法，与仏食，聽[五]仏語者，輸五百金錢。仏到其国，人皆閇門，仏遂空鉢而出。值一老母，使人持破瓦器，成臭泔澱，出門弃之。見仏相好，鉢空无食，慚愧白仏：思欲設供，更不能得，今此弊食，須者可取。仏知其意敬信清浄，中手受之。語阿難言：是老女人以施食，

校注

【一】「色」上，唐本有「是」，删。【二】「麁」，唐本字形似「庶」。【三】「仏」，唐本小字補。【四】「誰」，唐本作「雖」，據《大智度論》卷八改。【五】「聽」，唐本原字筆畫不清，旁寫「聽」。

十己劫中天下人中受福使承復内男子出家菩薩集種
友仙余時仙遣王一婆羅門從偈以是四種氣和性淨飯
國王之太子兩以舍放大乘語如此是舍放得童是時
出家之去舍利實面為賊除語云以之羅者是此舍人化爱
語不婆羅門言諸人舍利實畢竟元盡婆羅門乃為賊除
為以語仙為不善語不解小施於多如是仙言汝今之應說
事不答言又無答又一石偈施於菩薩實已為為奉菩薩釋
不悉是以常為難之為也仙言此種大小若言如芥子三六
之一仙言於大小諸告語音答言當明之之地壞也仙言為
生如此又是女人語以施仙為大界於此是如來福田已莫之

十五劫中天上人中受福快樂。後得男身，出家學道，成辟支仏。尒時，仏邊有一婆羅門說偈：汝是日[一]種刹[二]利性[三]，浄飯国王之太子，而以食故大妄語，如此皃食報何重？是時，出廣長舌相，覆面至髮際。語言：汝見經書有此舌人作妄語不？婆羅門言：若人舌能覆鼻，言无[四]虛妄，何况乃致髮際。我心信仏，必不妄語。不解小施，報多如是。仏言：汝曾見希有事不？答言：見。我曾見一尼僧陁樹，蔭覆五百乘車，蔭猶不盡，是謂希有難見事也。仏言：此種大小？答言：如芥[五]子三分之一。仏言：樹大小誰當信者？答言：我眼見之，非虛也。仏言：我亦如此，見是女人信心施仏，得大果報。此是如來福田良美之

校注

【一】「日」，唐本作「四」，據《大智度論》卷八改。【二】「刹」，「剎」之俗字。【三】「性」，《大智度論》卷八作「姓」。【四】「无」，唐本小字補。【五】「芥」，唐本字形似「界」。

以雖世婆羅門弟子拜仏說法向初菩果召時來爭大笑
聽言一切衆生人皆露羅門如何不出林中住人皆道備是主
與仏何異皆言向皆露味誰常懵已無生舒衆生割破王
文向仏林中一切皆向淨法如是出衆爲不信者放然在度
驗除爲不信者々已覺定爲大雷雨放風雷表放如風雷雲
中六年露通雷光雨風雷秘光雨如空雷光雨坑　比數一劫
以現靈瑞式是通果式是空果式得生力
　此度法四法仏已就法善乃已并不曾不
得果不作
亦修以得果如是法者若法仏大爲大然退初發以乃已并
菩薩衆生皆不擔離於養擔乃入生死三昧爲法衆生得

六〇三 所致也，婆羅門心開意解。仏説法得初道果，即時叉手大發

六〇四 聲言：一切衆人[一]，甘露門開，如何不出？城中諸人，皆送錢与王，

六〇五 迎仏供養。皆言：得甘露味，誰[二]當惜五百金錢。衆生制破[三]，王

六〇六 亦歸仏，城中一切皆得浄信。如是出舌，爲不信者故。然舌覆

六〇七 髮際，爲小信故。今至梵天，爲大事故。有語表故，如風於空

六〇八 中。下半頌通喻无㝵，風喻能[四]无㝵，智空喻无㝵境。此教一部

六〇九 所現霊瑞，或是通果，或是定果，或俱生力。

六一〇 《囑累品》。《智度論》問曰[五]：諸仏已斷法愛乃至涅槃，不著不

六一一 取，何以囑累如愛法者？答：諸仏大慈大悲，從初發心乃至涅

六一二 槃。於諸衆生常不捨離，於雙樹間入金剛三昧，爲諸衆生碎

校注

【一】「人」上，唐本有「生」，删。【二】「誰」，唐本小字補。【三】《大智度論》卷八作「衆人皆去，制限法破」。【四】「能」，唐本小字補。【五】「問曰」，唐本作「曰問」，中有倒乙符。

多如麻如米以收羅法多以饒益而不望果報又菩薩求米仙
自知人未滿之是以難勤為說菩薩為重任故言為果報
度從來一向不云何為果報者為不令法外求安當教化者
子之後教修人為勝知教解如一燈燃百千燈冥之元光仙勅
阿難全海仰信法不能又深大教以為羅云乘三昧果者合法不
難也　又大意然者難嘆難見之法慳惜者難負難知之言
長者難厭難嘆者無汝不合之貪是懷法不肯之處是
法怖不能之由見三除者能付囑也　言仙者是從者法是性
於者如來者是從如法是性者自然者者是所者二無元明仙
果自然又謂是法雲者謂是生土之知得新者二任運而起
合境求菩薩說言實境亦不妙者請開是花分身亦教釋迦

身如麻如米，何況[一]經法多所饒益，而不囑累。又菩薩未成仏，自利利人未滿足，是以慇懃囑託菩薩，令荷重任，故言囑累。《智度論》弟一百問云：所[二]以囑累者，爲不令法減故，汝當教化弟子[三]，復教餘人，屬轉相教，譬如一燈，燃百千燈，明明无盡。仏勑阿難，令汝傳法不絕。又依《大般若經》云：再三囑累者，令法不斷也。有大慈悲者，離瞋郭。无諸慳悋[四]者，離貪郭。亦无所畏者，離癡郭。嗔，即惡彼不欲与。貪，即悋法不肯与。癡，即怯怖不能与。由无三障故，能付囑也。言仏智，即證盡所有性。次智如來智，即證如所有性智。自然智者，即顯前二並无功用，仏果自成。又初是法雲智，次是生空智，後顯前二，任運而起，令塔等還。若言實塔令閇，妙音請開，是應分身。今散釋迦

校注

【一】「況」，唐本與「呪」混，據《大智度論》卷一百改。【二】「所」上，唐本有「何」，刪。【三】「弟子」，唐本作「弟子弟子」，刪一「弟子」。【四】「悋」，唐本右旁作「厺」，乃「悋」之俗寫。

重集處見□此放光嚴界在陀羅迴者乎 藥王菩薩

日從香花從何處來答此花是香化佛所化

來放正法花云三昧正受在虛空中雨四天花雜香

用供養仏 一第者是二事也 兜樓婆畢力迦者翻

為龍也什公云出龍神國 此明殊積須臣海宗崇山

峻崎[illegible]為盛國其崎甚十萬一丈海一深為翻二

高山高高為翻三明月為翻四白日為破暑為

翻五迦羅王為龍龍為翻六釋自在為翻七梵王

慈又為翻八二乘又草又為翻九菩薩大乘為翻十佛化

又佛之為翻正明此經深同濱渤高嶺殊頂照均大乘頭

重集既无有此。故知囑累在後，羅什[一]迴前耳。《藥王菩薩品》。問曰：所雨香花從何處來？答：此花香是[二]化事攝，從化心來故。《正法花》云：三昧正受處在虛空，兩心天花歎香用供養仏。一箭造者，二里也。兜楼婆畢力迦者，翻爲觸也。什公云：出龍神国。比喻殊勝，謂巨海宏深喻，崇山峻峙喻，乃至感同菩薩喻。凡有十事，一大海即取深爲譬，二高山即取高爲譬，三明月即取明爲譬，四白日取破闇爲譬，五輪王取統領爲譬，六帝釋取自在爲譬，七大[三]梵取慈父爲譬，八二乘取革凡爲譬，九菩薩取大乘爲譬，十諸仏取滿足爲譬。正明此經深同溟渤[四]，高類須弥[五]，照灼奪朗

校注

【一】「什」，唐本小字補。【二】「香是」，唐本作「是香」，中有倒乙符。【三】「大」，唐本小字補。【四】「溟渤」，唐本字形均見《碑別新編》修訂本。【五】「須弥」，唐本作「弥須」，中有倒乙符。

月之華，破闇齊[一]白日之力，統領若輪王之勢，自在類天主之尊，爲父乍類梵王，革凡乃時同小聖，排二乘之[二]高，秀菩薩善[三]得[四]，擬識冠十地而爲主，諸仏方窮比況。十喻合爲五雙，一山海對，二日月對，三人天對，四凡聖對，五仏菩薩對。就小聖[五]喻中，通喻人法故，舉法同喻。中初舉經勝，後舉人勝。「宿王花此經」至「充滿其願」者，一法，二喻，三合。此法説，顯能此經。能救一切衆生者，摠顯功能。令衆生[六]離諸苦惱者，別顯[七]拔苦功德，能饒益一切。充滿其願者，別顯与樂功德。喻説中顯能有二，初摠喻威惡如[八]寒者，下次別喻威惡。就別喻中有十一喻。有兩意，初二後一喻威苦，中間八喻喻得樂。初二後一威

校注

【一】「齊」，唐本每與「高」混。【二】「之」，唐本小字補。【三】「善」，唐本字形似「若」。【四】「得」，唐本右側重寫，似「向」。

【五】「聖」下，唐本有「對」，删。【六】「生」，唐本小字補。【七】「顯」，唐本原字塗改，下寫「顯」。【八】「如」，唐本小字補。

衣者大悲之室々衣能形露蔽孔故置也其前六句之得樂如
商人得主蓋覆樂如子得母慈養樂如渡得船津濟樂如
病得醫療瘥樂如暗得燈明照樂如貧得寶富豪富樂
如民得王依止樂如賈客得海珍寶樂曰炬除暗同如明分
南如暑得燈、暗、得樂如炬除暗、喻本在此法喻中離蓋
得樂除苦經在標之　此法花離亦生死之縛者此皆
從那說得本經在初兩句成經在果說解生死縛者經在
因縛得業煩惱也　一切苦一切病痛是報除所生死之
縛息分本三支易三障并業縛　曰女人聽經云得生西方
居得之生思是聽得生西方而後聽所得之生思證

苦者，火必知寒，衣彰[一]形露，炬能破闇也。中間八喻喻得樂，如商人得至善道樂，如子得母慈養樂，如渡得船津濟樂，如病得醫東[二]後樂，如闇得燈明[三]照樂，如貧得寶豪富樂，如民得王依止樂，如賈客得海獲寶樂。問：燈炬[四]事同，如何分兩？如闇得燈，得燈喻得樂。如炬[五]除闇，除闇喻感苦。此法喻中，雖兼得樂，從感苦標名。「此《法花經》」至「生死之縛」者，此合說顯能明感苦。初兩句感苦果，能解生死縛者，感苦因縛，謂業煩惱也。一切苦一切病痛是報障，次生死之縛通，分段變易，二障并業縛。問：女人行經，云何生西方即得无生忍？答：行經得生西方，於彼脩行故，得无生忍。以後

校注

【一】「彰」，唐本字形似「鄣」。【二】「東」，唐本字形似「車」。《名醫類案》：「江應宿在燕京，見小兒醫東吏目患齒痛。」【三】「明」，唐本小字補。【四】「炬」，唐本右「巨」下多短竪，乃「炬」之俗字。【五】「炬」，唐本右「巨」作「臣」，乃「炬」之俗字。

涅槃受名善應者清淨不老不死者與佛等度涅云未
顯爲八難惱名之爲應應時隨已得此難惱故云消淨不起
六十二見名不老不生等惠無缺故云不死又隨二乘地名之
爲死不（不老）作二乘云不死也等度涅云不衰隨應色中除死
者不隨二乘中故又由中此體等難惱業及老衰死求本
寂等故云不老不死也又由猗體力故病衰消等顏色鮮
潔衰老不老故云不老受益壽無能死不死又云天横老衰
死也　言妙音菩薩者由此菩薩現色身稱揚佛法生界
總示經中得此標名品經顯目故云　妙音菩薩品　言南
白毛思不善所斷起我受見二所詞同釋迦佛同身二界說

從今受名言，病即消滅。不老不死者，今依《智度論》云，未斷百八煩惱，名之爲疾；得聞經已斷此煩惱，故云消滅；不起六十二見，名不老；不失智恵命，故云不死。又墮二乘地，名之爲不老[一]死，不作二乘云不死也。《智度論》云：不畏墮惡道中餓死者，不墮二乘中故。又由聞此經，知煩惱業及老病死等本來寂滅，故云不老不死也。又由持經力故，病苦消滅，顏色鮮澤，應老不老，故云不老更延壽命。應死不死，又无横老病死也。言妙音菩薩者，由此菩薩普現色身，稱機巧說，令諸生界恒樂聽聞。即此標名品，從斯目故言。《妙音菩薩品》。言「而白」至「忍不」者，次顯起居。文有二別，初問釋迦，後問多寶。就

校注

【一】「不老」，唐本小字補。

問釋迦有二，初問能化，後問所化。此即初文，初問少内病苦不？次問少外逼惚[一]不？此問離言起居輕利安樂行不者。次問所成。由内無病苦，故起居輕利，外[二]无逼惱，故心行安樂。言「四大」至「可忍不」者，次即顯相，即顯輕利安樂之相。以四大調和，故起居輕利。由世[三]事可忍，故心行安樂。言「衆生」至「惡不」者，次問所化。文有二別，初揔問所化易濟度不？次別問所化離障㝵不？就離㝵中，初別問離障，後世尊六通問離障。就初有二，初問離煩惱障不？次无不至不攝五情不者，次問離業障不？於中有二，初別問離惡業不？次不善心者，揔問離惡業不。言[四]不攝五情不者，別問能起不？善因緣，良由不攝五情根故。於色等境發

校注

【一】「惚」，〔日〕北川博邦《書法大字典》四七四頁「惱」下，收四個異體字，其一爲「惚」。【二】「外」，唐本小字補。【三】「世」，唐本先作「世」，塗之，右寫「世」。【四】「言」上，唐本有「者」，删。

起惑業既曰離惡業不由初之學字及六不字呈重也

以文句連曰離障由此四魔連稱障又由離衆惑及法惡

業召生人天仍離攀緣稱五情相召住由宅意離名

惡法不善法乃離四魔生離生死近同初地遠同花

言小乘曰方大乘曰以三爲起生以爲長方安得離以安

於於相難現於得安得樂四大調和未者小乘去事

不思未者大攝衆生者度不善此曰善根調不見身貪

言毛悭悋不善此曰於惱高不見不孝父母不敬師長

不善以不善此曰惡業報不轉已情不善此曰守禁戒不

者爲衆生故伏降法魔惡不善此曰煩釋已不　化作不有

起或業，就問離惡業不？中初无字[一]及下不字，並通上下文。次通問離障中，由此四魔通攝障，又由離衆或及諸惡業，即生人天。次離攀緣攝五情根，即住内定，遠離欲惡諸不善法。次離四魔出離生死，近得初地，遠得菩提。言少病，問身少惻。問：心，行立爲起，坐卧爲居。身安則雅，心安則利。既雅既利，則安則樂。四大調和，成前少病。世事可忍，成前少惱。衆生易度不者，此問善根調不。「无多貪欲」至「惱愓不」者，此問煩惱薄不？无不孝父母，不敬沙門耶？見不善心不者，此問惡業鄣不？攝五情不者，此問守禁師不？世尊，衆生能降伏[二]諸魔怨不者，此問脩禪定不？化作八万

校注

【一】「字」上，唐本有「學」，删。【二】「降伏」，唐本作「伏降」，中有倒乙符。

四千蓮華者，一名以蓮華爲坐，二表妙音弘妙法蓮花
化。八万四千者，一名擬八万千𦬇坐，亦二表八万四千法藏也。
入一乘妙法華。亦白銀爲葉者，召是影，此顯白蓮華
置二種，二義。爲八万四千法藏，甘以白也。甄叔迦寶者 此名鷄頭，此寶似鷄頭，嘴而赤色
那羅延者，梵語，氏云生本，梵王是衆生之祖，故云生本
羅什云天力士，一名那羅延，端政而極健也，似禽住物大子
是風雜名那羅延，云力也 多羅樹，此云樓臺
天大將軍是梵輔天，梵王之臣，毗沙門帝釋之臣 四天
生法忍菩薩現也。前法花三昧。此三昧菓以見以法性如

四千蓮華者，一欲以蓮華爲坐，二表妙音弘妙法蓮花。化八万四千者，一欲擬八万千菩薩坐故，二表八万四千法藏皆入一乘妙法華故。白銀爲葉者，即是顯此經題白蓮華。開二權二實，則八万四千法義皆明白也。甄叔迦寶者，此名鸚鵡，此寶似鸚鵡〔口隽〕[一]而赤色。[二]

那羅延者，真諦云：此云生本，梵王是衆生之相，故云生本。

羅什云：天力士[三]名那羅延，端政而猛健也[四]。《俱舍論》持大千世界風輪名那羅延，那羅延應云力[五]也。多羅樹，此云椶[六]盧。

天大將軍是梵輔天，梵王之臣，毗沙門帝釋之臣。問：无生[七]法忍，普現色身，法花三昧[八]，此三何異耶？答：心无所依，猶如

校注

【一】「〔口隽〕」，《漢語大字典》未收此字。《法華義疏》卷十二：「此寶似鸚鵡，鳥嘴而赤色。」依此當是「嘴」。【二】「者此」至「赤色」，唐本小字補。【三】「士」，唐本作「十一」，據《法華義疏》卷十二、《注維摩詰經》卷七等改。【四】「端政而猛健也」，《法華義疏》卷十二作「端正猛健也」。唐本「猛」似「擅」。【五】「力」上，《法華義疏》卷十二有「天」。【六】「椶」，唐本字形似「擾」。【七】「生」，唐本小字補。

【八】「昧」，唐本字形似「味」，草書易混。

覺世不生心動念於名无生法界住空而生世界現住自
在於受之現方即是菩提也方三一并合无以深意名法
菩三昧也即說道圓果三一說此義引二法門動轉三乘念
以爲　觀世音品　觀世音是法能人菩薩利法度離世
菩薩求佛而菩薩菩薩果三菩薩一乘道菩提得轉道理二種
以菩提記以證三得菩提道菩提得近教證轉道菩薩於不動而
現十方現前化以菩提於不現靈而如引照寂那於法界近教
教菩提於无言而法即教修八種說人及流以標以名於日觀
世菩薩一品以此證廿八品以明於此品以而引於世音菩薩業果量
无識法蹤傳法法通雜道巖須東色河西國主但梁家

虛空，不生心動念，故名无生法忍。雖空而有[一]，縱任自在，能處處現身，即是普現色身。三一開會无所染著[二]，名法華三昧也。事訖還國有三，一從此發引，二諸國動祥，三恭我所尊。《觀世音品》。觀世音是護難人，普門顯護難德。普者平等遍爲義，普有三義，一身通普，謂神通輪，二他心普，謂記心輪，三漏盡普[三]，謂正教輪。神通普故，不動而應，十方現前。他心普故，不慮[四]而知，則照窮於法界。正[五]教普故，无言可吐，則教弥八極。從人及德以標品名，故曰《觀世音[六]菩薩普門品》。問：此經廿八品，何故此品别行於世？答：謹案《曇无讖[七]法師傳》，法師避難葱嶺，來至河西。國主沮渠[八]蒙

校注

【一】「有」上，唐本有「生」，删。【二】「著」，唐本似自「善」改之。【三】「普」上，唐本有「通」，删。【四】「慮」，唐本字形似「憂」。其上，唐本有「應」，删。【五】「正」下，唐本有「教」，删。【六】「音」，唐本小字補。【七】「讖」，唐本下少横，作「讖」，字形見於北魏。【八】「沮渠」，唐本不甚準確。

遊此處童座場授法除不令化諸觀音廿廿五品此品也礼会法
在內有因此錄生意以下去偏方此去是檢錄也　以論
念證勸受靈記野華時於現在是題不顯名法道
菩因果言不定發心起菩是兒不兒是以定果業隆
後起若而不免難如十一面經云論此神呪以求如是除決
業又梯從云是情因圓通下除而聞因二種決定證法仙
不自在　觀音普門品是第一者人法第觀音為人普門
為法故人法是因緣之義非人之所御法非法之所御人於方
所御法之人以顯果人之法證人法一義也　二者答疑義
觀音品是法身三身門諦應身世者是法身觀操然以得

七〇三 遜女患重疾，歸授法師。即令作請觀音菩薩，令至心礼念，所
七〇四 苦得差。因此録出，遂行於世。偏於此土有勝緣也。問：歸
七〇五 命慇懃，宜霊應斯萃，何[一]故現苦有離不離？答：所造
七〇六 苦[二]因有定不定，致令控告有免不免[三]。其次定果業，雖
七〇七 復控告而不免難。如《十一面經》云：誦此神呪，所求如意，除決定[四]
七〇八 業。又《攝論》云：有情界周遍，具障而闕因，二種決定轉，諸仏
七〇九 不自在。觀音普門凡有十[五]對。一者人法對，觀音爲人，普門
七一〇 爲法。然人法是因緣之義，非人无以御法，非法无以成人。故前
七一一 明御法之人，後辨成人之法，謂人法一雙也。二者真應雙，
七一二 觀音即是法身，普門謂應身也。前有法身觀機，然後垂[六]

校注

【一】「何」下，唐本有「何」，删。【二】「苦」，唐本字形似「告」。草書「苦、告、者、在」易混。【三】「免不免」，及七〇七行「不免」，三個「免」，皆訛作「兔」。依文義釋「免」。【四】「定」，唐本小字補寫。【五】「十」，唐本小字補。【六】「垂」，唐本字形似「寂」，《法華義疏》卷二十五作「垂」。草書「宋」（寂）、「垂」易混。

遍為莊嚴生死一義也　三者觀音品菩薩之業觀眾
然後方便讚通達之業後法品內外一義也　四者觀音品大悲拔苦
為一品大慈與之樂釋觀音名以拔苦之義釋中為一部
之樂之力品化眾生但是苦元樂能化菩薩是大慈悲品
為然一義　五者菩薩二種身一以樂樹王身二如意珠王
身藥樹王身者明拔苦救苦能通眾病菩薩之樂三業
能給濟物如意珠王身者如摩尼寶能與一切樂菩薩之
身明如意珠王身能珠藥二王為一義也　六者釋觀音
名一生之中者是不義當釋觀音名以藥樹王身釋為一
名明眾生感義標為一明菩薩莊嚴義細感此元是莊嚴

迹普應，謂真應一雙也。三者觀音謂菩薩意[一]業觀察，然後身現神通口業説法，謂内外一雙也。四者觀音[二]謂大悲拔苦，普門則[三]大慈与樂，釋[四]觀音名，明拔苦之義，釋於普門，顯与樂之功，所化衆生但有苦无樂，能化菩薩有大慈悲，謂慈悲一雙。五者菩薩有二種身，一藥樹王身，二如意珠王身。藥樹王身者，明根莖枝葉能逾衆病，菩薩亦尒，三業皆能濟物。如意珠王身者，如摩尼寶能与一切樂，菩薩亦尒，其見聞者，无不蒙益。釋觀音名藥樹王身，釋普門名明如意珠王身，故珠藥二王爲一雙也。六者釋觀音名顯衆生感義，摽普門明菩薩應義，初感非无有應，後

校注

【一】「意」上，據《法華義疏》卷十二，當補「以」。【二】「音」，唐本小字補寫。【三】「則」，《法華義疏》作「即」。釋校寫卷，每見「則」、「即」互用。【四】「釋」前，《法華義疏》有「故後」。

花非是因感但初華花以成感因以正標感以果花正花
感一義也　七者標觀音名號菩薩之所生也因之宗
標普門號菩薩號之所生生也因宗號者文以七難消
除二乘修滿之所以是也因得卅三身十九說法皆稱因度
號也之生也宗生大剎為言非不相說者之也宗得之
生也此是以本法門說也生也一義也　八者標觀音所歸
通以察物普號之至至通趣普門說宗現以通三事
三是神通非宗現說至所至宿之說也三是神通之業
之說化以神之說之義說法之神之主勝化以七操以下正之人
經說不多宗現說神通宗現一義也　九者標觀音名

七二三 應非无有感，但初舉應以成感，後則摽感以成應，則應

七二四 感一雙也。七者摽觀音名歎菩薩能与衆生世間之樂，

七二五 摽於普門顯菩薩能与衆生出世間樂，故前文明七難消

七二六 除，二求願滿足，則知是世間。後卅三身，十九說法，皆稱得度。

七二七 故知与出世樂，此皆大判爲言，非別相說。前与世樂，後与

七二八 出世，此是次第法门，謂世出世一雙也。八者摽觀音明神

七二九 通，以察物音聲即天耳通，題普門謂示現。六通之中，

七三〇 三是神通非示現，謂天眼、天耳、宿命也。三是神通亦成

七三一 現[一]，謂他心、神足、漏盡，漏盡說法，說法[二]神足。變轉他心知機心，即事

令人

七三二 信驗，故名示現，謂神通示現一雙也。九者摽觀音名

校注

【一】「現」，唐本左半缺。【二】以上二「說」，唐本小字補寫。

以發於靈標答以那於靈經現身說於種爲那於不
現身說而於令物覺難於種靈答說物不生那發二種
以那定一義也
十方標觀答以答名答義一那大士說
以名說一義於此以因感說十義也以名說方正令以方
妙答已於於方觀答答靈於後於之義果者以表實
令衆以說而發心正見此時也之義之方時見二成一經以
之義方因時現十之義後心之二方以之義方果時化三
種教化於大衆云初發之以前後以時已不可義後十息神通
以說而可義那由此二以之義於者之義云之　初說果以
說以之方直是那於擬論後果現難七後以於方衆生身於

七三三 謂密利益，標普門[一]明顯利益[二]。後現身說故稱爲顯，前不
七三四 現身法而能令物免難故稱益。菩薩濟物不出顯密二儀，
七三五 謂顯密一雙也。十者標觀音明菩薩名，題普門顯大士德，
七三六 謂名德一雙。然此品内義雖十雙，今以名德爲正。尒時者，
七三七 妙音已利於前，觀音當益於後，故无盡，乘名以責實，
七三八 令衆仰德而發心，即是此時也。无盡意者，略有二義。一願心
七三九 无盡者，因時起十无盡願心云云[三]。二者行无盡者，果時作三
七四〇 種教化故。《大集》云：初發无上菩提心時已不可盡，況[四]復智恵神通
七四一 說法而可盡耶？由此二心无盡，故名无盡意。初語業歸
七四二 依，以天耳通尋聲拔濟，護果報難七次。若有衆生多於

校注

【一】「門」，唐本小字補寫。【二】「益」，唐本原作改動，右旁寫「益」。【三】「云云」，唐本作小字，横書之。【四】「況」，唐本小字補。

婬欲下六業功德以化以通報以拔濟後始終雜文三段爲
又女之後有求男六方業功德以之明通報之拔濟後業
小雜文二説産而報孝經云父子道禮記云諸養不報
偏袒右肩明書云初而足袒肉教云諸色袒右肩者表
心同……
國以度後爲教化大祠堂而業　云何名者爲
章提耶至三宗男子者名肩二稱之親文統達成於
名爲子對韓之所於稱爲男行小又初化前程清界
或樂之義因之爲善於又是還爲子万億衆生受法
者指者想叙義也可是叙者者并一稱名稱名也可
名者或説經當未中武説善也成中一稱名者當誦

七四三 婬欲下意業歸依，以他心通觀心拔濟，護煩惱難有三。後若
七四四 有女人設欲求男下身業歸依，以天眼通觀色拔濟，護業
七四五 行難有二。從座而起，《孝經》云：曾子避席。礼云：請益則起。次
七四六 偏袒右肩，外書云勞而无袒，内教[一]請道袒肩[二]者，風俗
七四七 不同。其□□[三]國以露[四]頂爲敬，此土冠帽爲恭。言善者爲
七四八 □[五]闡提、外道之流。男子者即簡二根之類，有紹繼義，故
七四九 名爲子。對幹[六]之能，故稱爲男。所行有於他苻理，清昇
七五〇 感樂之義，目之爲善。若有无量百千万億衆生，受諸
七五一 苦惱者，摠叙難也。問：是觀世音菩薩，一心稱名。稱名也，聞
七五二 名者，或從經卷中聞，或從善知識聞。一心稱名者，若誦

校注

【一】「教」下，有一字，塗抹並以「卜」符删。【二】「肩」，唐本「月」部作「目」，乃俗寫。【三】據《法華義疏》卷十二，可補「猶彼」。【四】「露」，唐本原作「覆」，校改之。【五】據《攝大乘論釋》卷九、卷十二，可補「一」。又，《金剛經注疏》作「異」。【六】「幹」，唐本作「韓」，據《法華義疏》卷十二釋録。

於欲若求以不惑而不得從而時能生意欲內得從
者遂行也　四種名何故名從者不從者若一者如火
是也以不惑以故名從何從二者從是初發意不救之
從之初發故不救也三者是能生意猿猴是夏屬之
者是山故不同從夏者若身意故同從四者衆生
是空業不空業不空可救空業實可救何以言空者
一重以化已以元撤愧三者化也愛化四能行味故使空同報不
可救也
　　火不燒堂說云民人居住茅屋漆家
柴火宅主每祀云鈍意薩宅燒若等舍將存道
少年不依坐了為救以火投之犯之火燒之七難者一

七五三 聲斷，即求心，不至則不解脫。即時觀其音聲皆[一]得解脫

七五四 者，遂願也。問：稱名何故有脫苦不脫者？答：一者如上

七五五 有至心不至心，故有脫不脫。二者脫有利益是則救之，

七五六 脫无利益故不救也。三者与觀世音結緣，有厚薄之

七五七 者。善少故不得脫，厚者善多，是故得脫。四者衆生

七五八 有定業不定業，不定可救，定業不可救。所言[二]定者；

七五九 一重心作已心无[三]慚愧，三者作已更作，四起願扶，故決定得報不

七六〇 可救也。入火不燒，《靈驗記》云：有人居[四]住茅屋，隣家

七六一 失火。宅主每礼念觀音，隣宅燒盡，草舍獨存。側近

七六二 少年不信其事，數夜以火投之，頻[五]頻皆烕。言七難者，一

校注

【一】「皆」，唐本小字補寫。【二】「言」，唐本原作字不確，旁書「言」。【三】「无」，唐本小字補寫。【四】「居」，唐本原作字模糊，旁書「居」。【五】「頻」，唐本與「短」易混。

救火難二救水難三風救難四救人難五救鬼難六救
王難七救賊難初二寔是无性（情）難先急而後緩次四是
有情難先重而後輕有急緩輕重同（不）然云方須
亡從於是果報難火以燒集焦為難水以流溺為難風
以飄吹為難鬼以精靈為難王以威勢為難賊以劫奪
為難此從寬急者有疾疫虎狼雷電迷路亦難
略而不叙請叙前難及下從之此來救火難自有三意
一稱名二遇難三遂從有持是叙之者名者稱名
也設入大火者遇難也火不能燒由是（菩薩）威神力故者遂也
以元燒力故若於或注南人人咎或時迴風騰火或時接置火

救火難，二救水難，三救風[一]難，四救人難，五救鬼難，六救王難，七救賊難。初三災是无情[二]難，先急而後緩。後四是有情難，先重而後輕。雖有急緩輕重不[三]同，能害身殞命，故是果報難。火以燒焦[四]爲難，水以沉溺爲難，風以能吹爲難，鬼以精霊爲難，王以威勢爲難，賊以刼奪爲難，此説寂[五]急者。有疥病虎狼雷電迷路等難，略而不叙，請《觀音經》乃具説之。此弟一救火難，自有三意。一稱名，二遇難，三遂願。若有持是觀世音名者，稱名也。設入大火者，遇難也。火不能燒，由是菩薩[六]感神力故者，遂願也[七]。謂无燒力，以菩薩故，或注雨[八]令烕，或時迴風轉火，或時接置火

校注

【一】「救風」，唐本作「風救」，中有倒乙符。【二】「情」，唐本原作「性」，右旁作「情」。【三】「不」，唐本小字補。【四】「焦」上，唐本有「集」，删。【五】「寂」上，唐本有「官」，删。【六】「菩薩」，唐本小字補。【七】「願也」，唐本作「也願」，中有倒乙符。【八】「雨」，唐本與「兩」無別。

外或是衰物所遮或是身色之力或復自然不然如前
安入火如是等力隱伏所宜　經若為大水所漂
受　此第二救水難三意一若為大水所漂者是顯難也稱
稱其名號稱名也即得淺處者遂救也傳記云昔有
五僧多是國宗船上同學四人度黑溝河三人沒水
獨念觀世音入水如是物承之令於險切又見赤光
光至岸　經若有是受龍之者　此第三風難
是四意一求珠二遇難三稱名四遂得除其黑風吹羅
刹鬼國者是遇難也此由風力令墮鬼國故是風難如
為鬼難所害其中若有乃至一人等者是稱名也同船並令得

外，或是實物所遮，或是加其定力，或復自然不燃，如者婆入火，如是等力隨根所宜。經「若爲大水」至「即得淺[一]處」。此弟二救水難，三意若爲大水所漂者，愚[二]難也[三]。稱其名号者[四]，稱名也。則得淺處者，遂願也。傳記云：扶風有僧名道囧，宋朝，与同學四人度盟津河。三人没水，囧念觀世音，入水如有物承之。念[五]聲弥切，又見赤光，尋光至岸。經「若有无量」至「名觀世音」。弟三風難，有四意，一求財，二遇難，三稱名，四遂願。假使黑風至羅刹鬼國者，此遇難也。此由風力令墮鬼国故，是風難非爲鬼難。其中若有一人至菩薩名者，此稱名也。同舟[六]共命，

校注

【一】「淺」，疑似「識」。【二】「愚」，當是「遇」。【三】「也」下，唐本有「稱」，删之。【四】「者」，唐本小字補。【五】「念」，唐本「人」下少點。【六】「舟」，唐本初作似「冉」，校改作「舟」。

諸難也商旅入海諸求珍寶使治光法寶毛多叔

之壽者過殘也　宋朝費淹化廣州刺史乘舶到

全家赴任路逢宅事湖忽遇惡風沒女者奉仙法

船中忽有危險也怛悵憶念觀音菩薩名不覺像

又商人入海黑風吹其船飄墮羅剎鬼國船但日照惡風過之

皆得安全沒至及雖船不覺風難　雖殺復有人[illegible]

而得解脫者本因救人難之事三難之數役何人臨當被

害者是過難稱觀世音者是稱名波浪執刀仗尋段段壞

捶者此過殺也　捶之回反　掊手撥才流反　殘若三千大千國土覺以加害

本已殺鬼難第三之一過難所滿中夜叉羅剎欲來

七八三 禍難必齊。故一人稱請，則乘舟[一]獲濟。是諸[二]人等至名觀

七八四 世音者，遂願也。宋朝費淹作廣州刺史，參佐劉澄

七八五 全家赴任，路至宫帝湖[三]，忽遇惡風。澄母常奉[四]仏法，

七八六 船中有兩尼師，母恒供養，共稱觀音菩薩名不絶。像

七八七 見兩人著黑衣，執烏[五]莖幡，水下隨船低昂，惡風遂定，

七八八 皆得安全。澄妻及餘船不勉風難。經「若復有人」至

七八九 「而得解脱」者，弟四救人難，亦有三意。若復有人臨當被

七九〇 害者，是遇難。稱觀世音者，是稱名。彼所執刀仗，尋段段

七九一 壞者，此遂願也。桎，之日反。梏，平械沃[六]反。經「若三千大千」至「况復

加害」。

七九二 弟五救鬼難，亦有三意。一遇難，則滿中夜叉羅刹欲來

校注

【一】「舟」上，唐本有「冉」，點刪。【二】「諸」，唐本字形似「法」。【三】「宫帝湖」，《觀音義疏》卷一作「宫停」，《天竺别集》卷二作「官亭」。【四】「奉」，字亦似「歲」，依文義釋「奉」。【五】「烏」，唐本字形似「鳥」。【六】「沃」上，按《廣韻》當有「古」。唐本「夭」旁右有點和撇，乃「夭」之俗字。

惱人，謂吐毒現形，令死令病。二稱名，即稱觀世音名。三遂願，則鬼神[一]不能視。人難者。《記驗傳》云：昔彭城有人被枉引[二]作賊[三]，怖死，有取小銅觀音菩薩像安頭髮中，身心誦念。罪[四]至極形[五]，欲煞，形人下刀，三斫不斷，唯聞銅聲。解髻看其[六]

校注

【一】「神」，唐本小字補。【二】「引」，唐本小字補。【三】「賊」，唐本字形與「賤」易混。【四】「罪」上，唐本有字塗之。【五】「形」，古通「刑」。【六】寫本下缺。

法華玄贊鈔（第一抄，國圖一二一三）釋校

一 因還四霊山，法花力也。聞持陁羅尼者，四摠持中弟[二]一陁羅尼佐通當。弟[二]
三

二 地聞謂聞教不忘持，謂任持之義不忘唯識。弟九、十障之中，應顯此

三 佐。八生等者，謂八[三]生身也。當得菩提。始入初地，菩薩地樂説[四]，弁才四
无㝵解中
四 之一數也。弟九地菩薩。得旋陁羅尼四摠持[五]中義持，轉[六]不退轉法輪。弟八
五 □菩薩。又八旋者，菩薩後智於五趣四生三界等處旋還，故名旋[七]陁尼也。遠
小甚无
六 □，道斷見所斷，現八[八]煩惱[九]，離垢解脱，道斷習氣。隨眠苦，依附性，无
堪任
七 性，不調柔性，並是離垢。或尘者，五欲尘也。由離煩惱所緣五尘
八 不被能緣轉[一〇]也，一切衆生語言陁羅尼者。四无㝵解中語得諸方百千
九 万億不可説，隨類言音[一一]，詞无㝵解也。法花三昧者，解一乘理盡，

校注

【一】「弟」，唐本右旁補。【二】「弟」，朱筆補。【三】「八」，小字補。【四】「説」，朱筆補。【五】「摠持」，唐本作「持摠」，中有倒乙符。
【六】「轉」，形似「跱」或「縛」，《妙法蓮華經文句》卷二「轉不退轉法輪，歎四地」，從之釋録。字形或作「转」，《中華字海》：「转，同轉。」
【七】「還故名旋」，唐本小字補。【八】「八」，原朱筆補「行」，又墨筆改作「八」。【九】「惱」，乃「惱」之俗體。【一〇】「轉」，形似「跱」或「縛」，
《大般若波羅蜜多經》卷五一四「於因緣乃至增上緣轉故名不退轉」，從之釋録。【一一】「音」，唐本原作「教」，校改作「音」。

一〇

名得法花三昧，由彼迴心至初地位斷法執故。現一切色身三昧者，得神境智通神者，是定境者。前所變境山河等身，菩薩得此定故，能令自身爲他身，他身爲自身，於一念中變爲百類有情。如觀音菩薩現身說法等，並由神境智通之力也。初地菩薩能現百身，二地現千身，三地菩薩能現万種色身，弟十地能現一切色身。後利之中，但是上下之中仏咸以後，持經所得功德之文。沙[一]應引爲證，法中集略故也。此等恒河微尘數量諸[二]菩薩衆，如何共集不相妨导。如上欲天仏邊聽法，百千万億共坐毛端，猶爲處廣人希，此何不得，但知合掌諸仏境[三]界不可思議。《勝鬘[四]經》說「一乘爲權，四乘爲實」者，堅定性者，說謂无種性[五]人，以人天善根而成熟之。若聲聞者，教聲聞乘。若獨覺者，授獨覺乘。若菩薩者，授以大乘教。理[六]契於機，必[七]因自乘方尽苦際故。言四乘

校注

【一】「沙」，似應釋「法」。《阿毗達磨順正理論》卷二十九：「若謂不通是通種類無斯過者，理亦不然，前說不應引爲證故。謂不通者，亦爲因成有情相續，與通等故，除所執名，有何餘法可說彼諸法皆隨自在行？」【二】「諸」，唐本字形似「法」。【三】「境」，唐本原作「壤」，旁改作「境」。【四】「鬘」，唐本下部「曼」作「昜」，乃「鬘」之俗字。【五】「性」，唐本小字補。【六】「理」，唐本似塗刪之。【七】「必」，唐本原字塗去，旁補寫。

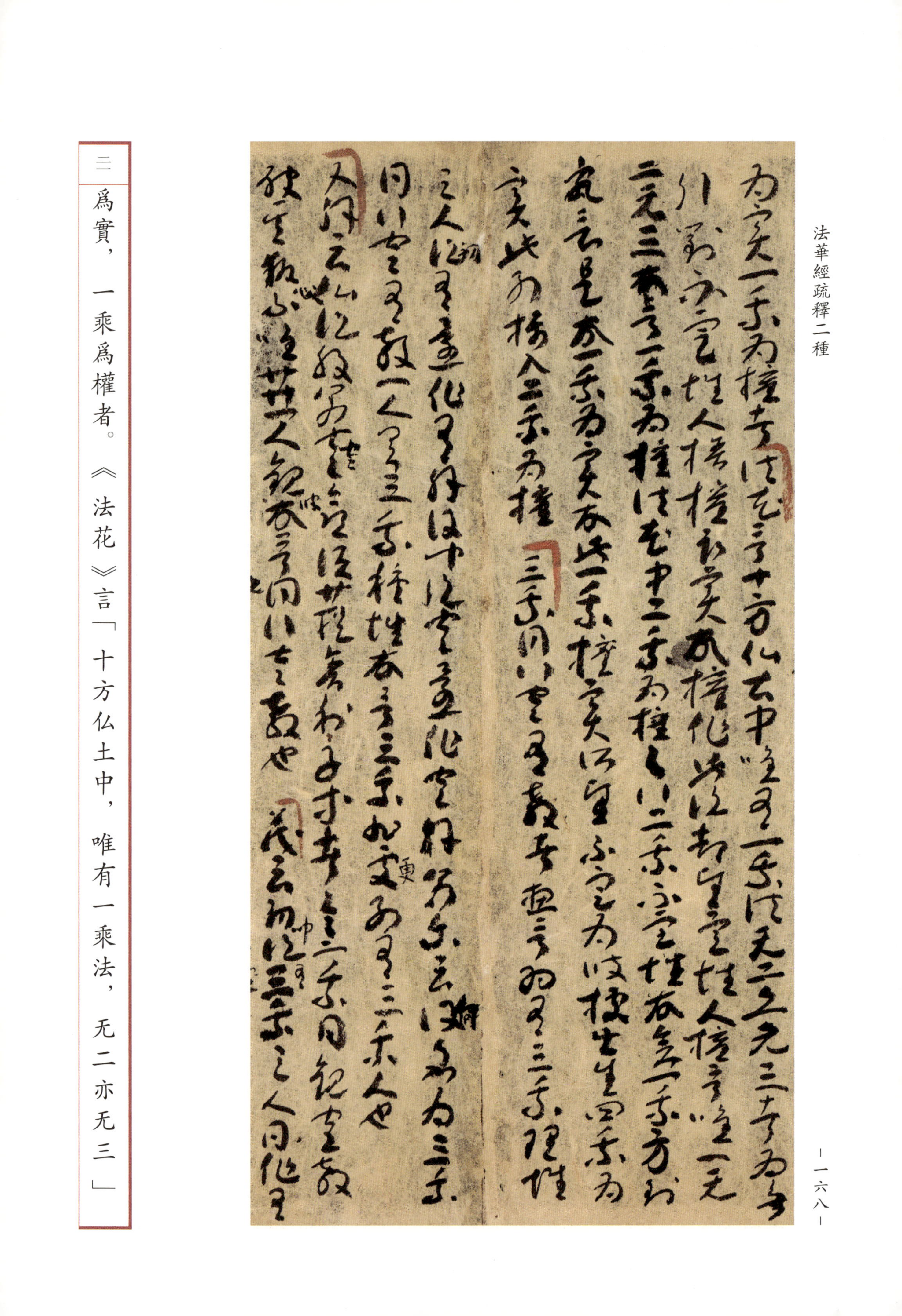

三

爲實，一乘爲權者。《法花》言「十方仏土中，唯有一乘法，无二亦无三」

者，爲欲引對不定性人，捨權取實，故權作此説。起堅定性人，權言唯一无二无三，故言一乘爲權。《法花》中二乘爲權，權行二乘不定性故，念一乘方到究竟。是故一乘爲實，故此一乘權實所堅，不定爲彼，據出生四乘爲實，此别攝入二乘爲權。三乘同行空有教者，揔言約有三乘理性之人。初[一]説有還作有解，後聞説空還作空解。若尔，云何[二]名爲三乘同行空有教，一人具三乘種性故。言三乘非更[三]别有三乘人也。又解云：仏説般若空[四]命。須菩提、舍利子等者，令二乘同觀空教，破其執心[五]。不唯菩薩一人觀彼[六]，故言同行空教也。義云：初聞[七]説有[八]三乘之人同作有

校注

【一】「初」，右側補寫，或係對「説」進行校改，據二九行録出。【二】「何」，唐本原作「後」，旁改「何」。【三】「更」，唐本原作「處」，旁改「更」。【四】「空」，唐本原作字不確，旁改「空」。【五】「心」，小字補。【六】「彼」，小字補。【七】「聞」，小字補。【八】「有」，小字補。

三〇

解，名於自乘而作有解。次聞説[一]空，三乘之人同作空解，空[二]准有知。又解

《維
二一 摩經》等中説空者，仏直説生法二空爲空，无不顯析，此是法空。稟[三]
二二 教之者，二乘性者，同悟生空。一分菩薩乘性者，即悟生法二空。各
二三 於空得證故，言同行空教。撿[四]《无垢稱疏》，又更[五]别釋云：世尊
二四 初説三乘，同行四諦，有教名轉法輪，以十二行[六]相獨得轉名。弟二時説[七]大
乘，
二五 獨行空行之教。照破有故，名照法輪[八]。弟三時説遠所執空迷
二六 二乘性，有三乘之人皆可脩持，名持法輪。一席弟四時由未分明説有常
二七 住仏性，當説无常以爲真仏者。即指《法花·授[九]量品[一〇]》云：雖言常[一一]在靈
二八 鷲山，天人充滿，所成壽命，今猶未盡。此文但是略明常住，不

校注

【一】「説」，小字補。【二】「空」，小字補。【三】「稟」，唐本原作「二學」，朱筆校改。【四】「撿」，古通「檢」。又字似「撫」。
【五】「更」，唐本原作「處」，旁改「更」。【六】「行」，唐本原作「八」，旁改「行」。【七】「説」，小字補。【八】「輪」下，唐本有「持」，
右加三小點删。【九】「授」，唐本左旁作「十」，《法華經》有《授記品》《壽量品》。【一〇】「品」，小字補。【一一】「常」，唐本原作
「我」，旁寫「常」。

若實以何耶說常住佛性並明之乎不可言乎如經言說云何爲人
見如來之方是是答者云何是人令不得悟故先説如常住
佛性也　解古之時云未説者何緣十二年後方説是數不是雜十
二年來許者時説是以也乃至卅年無復此釋　又此是意時何是
所理前說如是數求謂說矣時説萬入初時是數求標復標所理…
意時名　三論者三說仙法佛何論境也論者論伏枝說漏伏枝論之
見是云之魔故是法一切神九十論法説論法者得者成之外生死生
精論衆説如如論佛仙法佛實我法如何也者何言者十番是說衆
極往之　佛是論法仙　後不得衆生　極此金剛　者之法淨乎
論法仙法佛　元是二種法　及去實相者　是法是三論　以是末法道

如涅槃[一]分明。顯説常住法性，金剛之身，不可壞身，非雜食身。若有人言如來之身是无常者，云何是人舌不墮落，故知始明常住仏性也。叙古五時定年數者，爲仏十二年後即説有教不是經。十二年尒許長時説有行也，乃至卅年並准此解。又此間定時並是約理而説，如遣[二]教等。雖次涅槃[三]時，然判入初時，有教等攝准機約[四]理以定時數。三歸者，三謂仏法僧所歸境也，歸者，歸伏授託憑仗救濟之義。有天魔外道諸一切神，非可歸依。設[五]歸依者增長邪見，能生衆生轉向惡趣，非如歸依仏法僧。實應説頌曰：如《長阿含》弟十弓，有頌應撿注之。諸有歸依仏，終不墮惡道。捨此人中形，壽天清淨身。歸依仏法僧，无學二種法。及涅槃擇威。是説有三歸，衆怖苦所逼。

校注

【一】「涅槃」，敦煌草書卷「涅槃」寫作「卌」或「㚘」，唐本先作「㚘」，右旁又作「卌」。草書「㚘」與「賢」近似，易混。【二】「遣」，唐本似「遺」。《妙法蓮華經文句》卷六：「智是能遣，教是所遣。」【三】「涅槃」，唐本先作「㚘」，右旁又作「卌」。【四】「約」，唐本與「爲」混，據前文改。又《涅槃玄義發源機要》卷三：「隨機約理則不同執家，約機則不同難家，寧得稱理者？」【五】「設」，亦似「没」。

四九

蓋歸依此仙[一]，園苑及藂林，死[二]樹制多等，此歸依非勝，此歸依

五〇 非[三]尊。不由此歸依，而解勝生死。諸歸依於仏，及歸依所僧。
五一 於四聖諦等，應以恵觀察。謂知苦斷集，能永趣衆苦。趣安
五二 隱涅槃，此歸依㝡勝。聞由此歸依，而解脱生死。歸依三寶得，
五三 益如善生也。《優婆塞經》説：「善男子、若女人能受三歸依
五四 者，當知是人所得果報，故可窮盡。善男子，加陵伽國有七寶藏，
五五 名賓伽羅。其国人民，大、小、男、女，於七日，七月，七年，常[四]以車乘、
象、馬
五六 駞、驢，擔負持去，猶故不盡。若有至心受三歸齋，是人所得[五]功德
五七 果報，勝出彼藏所有寶物。乃至弟四乾[六]陁羅國有七寶藏，名伊羅

校注

【一】「此仙」，《阿毗達磨俱舍論》卷十四、《阿毗達磨大毗婆沙論》卷三十四、《法華經玄贊要集》卷四皆作「諸山」。【二】「死」，《阿毗達磨俱舍論》卷十四、《阿毗達磨大毗婆沙論》卷三十四、《法華經玄贊要集》卷四皆作「孤」。【三】「非」下，唐本原有「真」，塗删，右加「卜」，乃古之删除號。【四】「常」，唐本作「當」，然似有改動。《優婆塞經》作「常」。【五】「所得」，唐本「得所」，中有倒乙符。【六】「乾」，唐本似「就」，依佛經釋「乾」。

鐵輪王國人人乃至之同北方等者至以義三品乃至勝出其為
又寶樹又如帝釋殿枝重面從殊從國境樓側七重南自東洲等
南西西洲九千由旬北洲十千由旬海中如果木二木三木四果稱
文仙王人君取香作者之衣飲食香花幡蓋供養諸
上座後說七寶塔供養之如者也如善男子善女人作之品三之象
其中同化仙佛法代佛法供法師同從之多千萬人亦又之一又如之三品
云云又如是曜經信化　者之衆生未成覺　者之供養法師
飲食衣服等以等　挾香種香及其花　者之二以又十種
日同一如來　自為之二自天化　是同從種者之諸也　佛初來之
諸經以來稱揚國王提供法時於世作已有為人天照與生之佛初
好菩薩等一七日已王神二人後之化相獻之意趣讚因請如來說生

鉢。其国人人乃至亦[一]能盡。若有至心受三歸，乃至勝出彼藏所有寶物。」又如《希有經校[二]量功德經》說：閻浮提伽七千由旬，東洲八千由旬[三]，西洲九千由旬，北洲十千由旬。滿中初果，弟二，弟三，弟四果。辟支仏有人盡形壽供養衣服，飲食、香花、幡盖供養，乃至滅度後，起七寶塔供養如前。不如善男子、善女人作如是言：我某甲，歸依仏，歸依法，歸依僧，所得功德百千万分不及其一。又如令受三歸云云。又如《出曜經》偈說：「若有衆生成緣覺，若有供養億數劫[四]。飲食衣服藥[五]卧具，挟香雜香及名花。若有一心叉十指，等心同歸一如來。自口教言南无仏，是歸德福爲冣上。」仏初成道，總領以樂轉服[六]。因有提謂波利共將五百商人天竺興生，見仏初始成道。一七日見有神變，便即礼拜，獻其麨蜜，因請如來說其

校注

【一】「亦」下，唐本有「得」，點删。【二】「校」，唐本如「授」，按：佛經有《佛說希有校量功德經》，釋文乃作「校」。【三】「由旬」，唐本作「旬由」，中有倒乙符。【四】「劫」，唐本作「刧」，乃「劫」之別體。【五】「藥」，唐本原作「樂」，後朱筆上加「艹」。《普曜經》卷八作「床」。【六】「服」，唐本原作「唱」，旁改作「服」。「以樂轉服」，依文義疑當作「以藥持服」。

六九 本因。仏不受請，但剪爪剃髮，令其供養，提謂等因請供養之

七〇 儀。遂方疊三衣[一]次弟重著，合鉢上。次更竪錫杖，在鉢上作浮

七一 啚[二]之勢。提謂等授教以後，因謂世尊懺悔受[三]五戒在先，教歸依

七二 仏，歸依法？教理行果，當時猶未有僧，遂教歸依當木[四]僧寶。何故不教

七三 提謂餘齋戒等？何以先授此五戒者？一則易持，二則難犯，犯毀者獲報

七四 非輕，是故先授五戒。云何名五[五]戒？謂煞生，由故[六]作[七]想不悟[八]煞，不与

取物

七五 力竊取屬己，欲邪行謂不應行染異想。發言解義，虚誑語、酒可

七六 知，仍誦弁正，論説五戒文解之。何故不遮兩舌、悪口、綺語三[九]戒也？答：

七七 仏爲俗人説此五戒，爲俗中富貴。畜妻子之人，好犯嗔妬[一〇]，若不一頭放水

校注

【一】「衣」，唐本原作「依」，朱筆改作「衣」。【二】「啚」，同「圖」。【三】「受」，唐本原作「度」，旁作「受」。【四】「木」，唐本原作「倒」，塗之，旁作「木」。依文義疑當作「來」。【五】「五」，小字補。【六】「故」，唐本原字模糊，旁作「故」。【七】「作」，唐本原作「他」，旁改之。「作」上，唐本有「忍」，旁加三點，刪之。【八】「悟」，小字補。【九】「三」下，唐本有「个」，右上有横三點，刪之。

【一〇】「妬」，乃「妒」之俗字。

七六

一頭放火，終難和挟[二]，是故不受[三]惡口者。俗人在家駈駈生業，畜養奴

七九 婢，終朝朝竟[三]日畏生活不弁，嗔大呵小，惡口罵詈，根得成辨，爲以不
八〇 受。若是綺語者，安到安在[四]？下唱詠等俗亦難護故，不爲説故。有頌曰：
八一 「以開虛誑語，便越語學處。遮中唯離酒，爲護[五]餘律儀[六]。」以貪嗔邪
八二 見，謂前四如前。「染心壞他，名離間語[七]。非愛麁惡語，諸染雜穢語。」
「惡
八三 欲化[八]財貪，惜[九]有情嗔恚。撥善惡等見，名邪見業道。」如章中説，餘
八四 有此十惡。要須自於尊像、師僧等前，要期自誓盡，至灰身滅智，
八五 中間莫犯意相。應思猛利極暢，可得成就業，會順如此大。有人解
八六 翻十惡爲十[一〇]善，我但不作十惡，即是十善。全不如是，欲似有人熟梨

校注

【一】「挟」，古爲「挾」之訛字，今爲「挾」之簡化字。【二】「受」，小字補。【三】「朝竟」，唐本原作模糊，旁寫「朝竟」。【四】「在」，小字補。【五】「護」上，唐本有一字似「護」，塗刪。【六】「餘律儀」，唐本旁補。【七】《俱舍論本頌·分別業品第四》：「染心壞他語，説名離間語。」【八】「化」，《俱舍論本頌·分別業品第四》作「他」。【九】「惜」，《俱舍論本頌·分別業品第四》作「憎」。【一〇】「十」，小字補。

八七 得地言：我地熟无有株抗[一]，若不下種，終无所獲。空不犯十惡[二]者，善
八八 要期發願，亦无十惡，亦无十善。五戒八戒，二百五十戒，於十善中幾善攝
八九 者？五戒八戒，各曰二百五十戒，有七善除三故。又欲界別解脱律
九〇 儀，名發无表。初一刹那成根本業。弟二會得即名後起。若是定道
九一 无表，皆唯根本，元无後起，何以故？別解脱律儀發无表初會根本，餘後
九二 起定道，无表始終根本无後起益。解脱律儀發无表邀其自誓，
九三 初根本定道律儀无加行，任還唯運根本无後起。又性[三]遮唯[四]現在得通加行，
九四 根本後起定道，通三世唯根本故。説頌曰：「從一切二現，得欲界律儀。
九五 從根本恒時，得浄慮无漏。」斯須二果，在家人得欲知相皃者，生來
九六 不受五戒，性不[五]犯五戒。定是无疑。四大本浄者，提謂未懺悔前，心
九七 有貪嗔等種種煩惱，於四大五尘等境上起貪等煩惱。令彼四大成所

校注

【一】「株抗」，當作「株杌」。【二】「惡」上，唐本有「犯」，删之。【三】「性」，唐本旁補。【四】「遮唯」，唐本作「唯遮」，中有倒乙符。

【五】「不」下，唐本有重文符，點删之。

九八	
緣縛，今既懺悔，斷貪嗔癡，不起煩惱，於彼四大斷[二]所縛緣，故得本淨。 五	蔭本

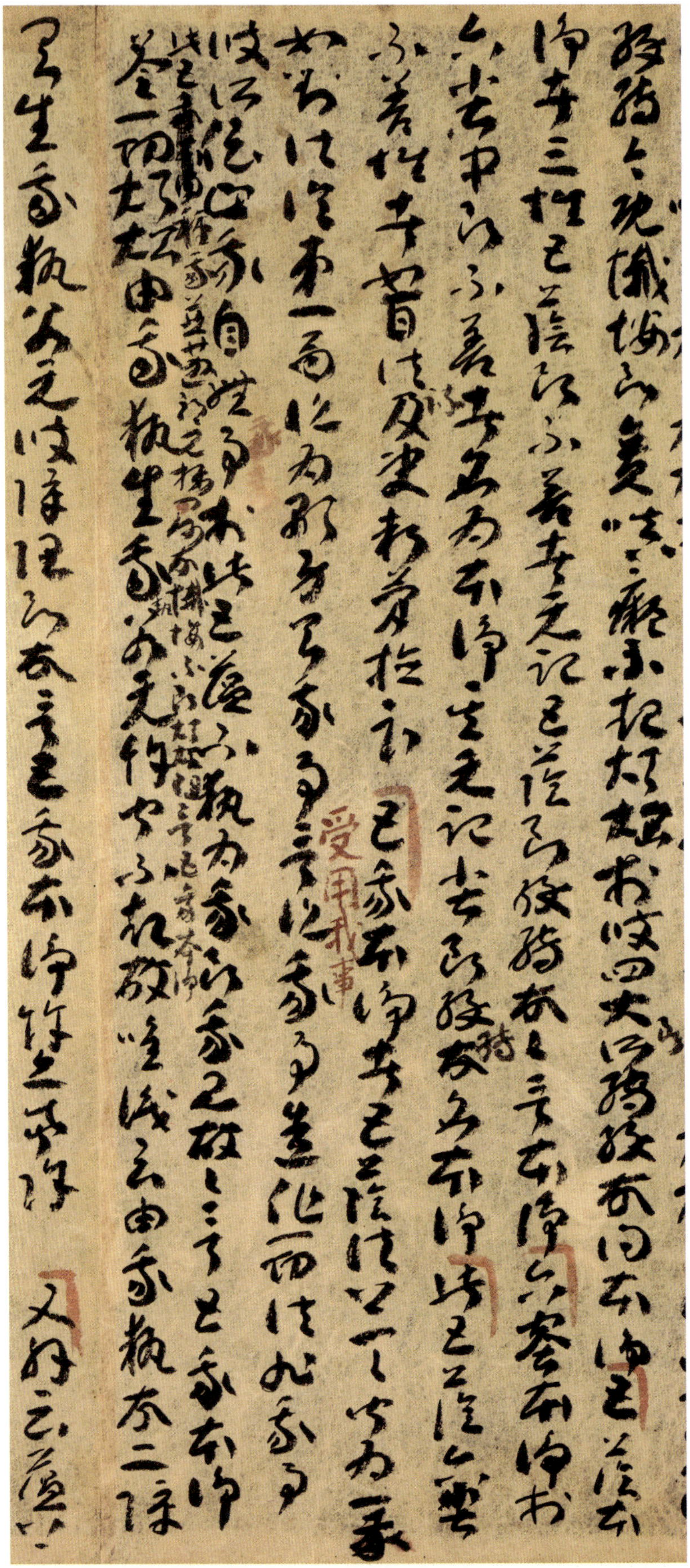

九九 淨者，三性五蔭斷不善者，无記五蔭斷緣縛故，故言本淨。六蜜[二]本淨，於
一〇〇 六尘中斷不善者，名爲本淨。其无記尘斷緣縛[三]，故名本淨。此五蔭六尘
一〇一 不善性者，如《百法疏》[四]及决斬簡撿取。五我本淨者，五蔭法上一一皆爲一
我，
一〇二 如《對法論》弟一弓説爲顯身，具我事，受用我事[五]，言説我事，造作一切法
非我事，
一〇三 彼所依止，我自體我[六]事。於此五蘊[七]，不執爲我，斷我見故，故言五我本
淨。此五種我，並薩迦邪見攝。問[八]：何故懺悔不斷煩惱，但言五我本淨？[九]
一〇四 答：一切煩惱由我執生，我執[一〇]若无，餘皆不起。故《唯識》云：「由我執
故，二障
一〇五 具生。我執若无，彼障隨斷。」故言五我本淨，餘亦咸除。又解云：蘊上

校注

【一】「斷」，唐本旁補。【二】「蜜」，尚待商榷。【三】「縛」，唐本旁補。【四】「疏」，唐本旁補。【五】「受用我事」，唐本朱筆補之。

【六】「我」，唐本朱筆補之。【七】「蘊」，同「藴」。【八】「問」，唐本原作「門」，朱筆校改之。【九】「此五種」至行末係行間補寫。

【一〇】「執」，唐本小字補。

作分別所起處，及分別行緣蕴六十五種。六个十我所見，五个我見，今並皆斷。談本不論末，故言五我本淨，廿我我所見，亦談本不論末。准弟二釋義云。言四大本淨者，若作地獄惡業所感四大本淨。又解云：四[一]大是異熟果，感此果之本因者，即業或二種是喚。或爲四大，或業不善，能感苦果。四大由本不淨故，今既懺悔，或業自淨，不感惡趣苦果，故名四大本淨，乃至五我。准此可解五我，謂五眼想等也。一切畜生八種身不合得聖[二]，地獄餓鬼亦不合得聖。聖人中女人得聖。生若經生，定受男子身。三爲龍王，得信忍[三]初地以上菩薩，既是得聖，想是相違，如何會釋今時解者？《花嚴》說：十地菩薩，多作龍王，居无熱惱池，鱗甲化出清水，給施南洲。此則是大力菩薩作化龍王[四]，伏忍惡龍故。人維炁意者，龍畜當解歸依。行行得聖，何況人天，而不歸依，勤

校注

【一】「四」，唐本小字補。【二】「聖」上，有字不確，刪之。【三】「忍」，唐本「刃」作「丑」，乃「忍」之俗字。【四】「化龍王」，唐本小字補。

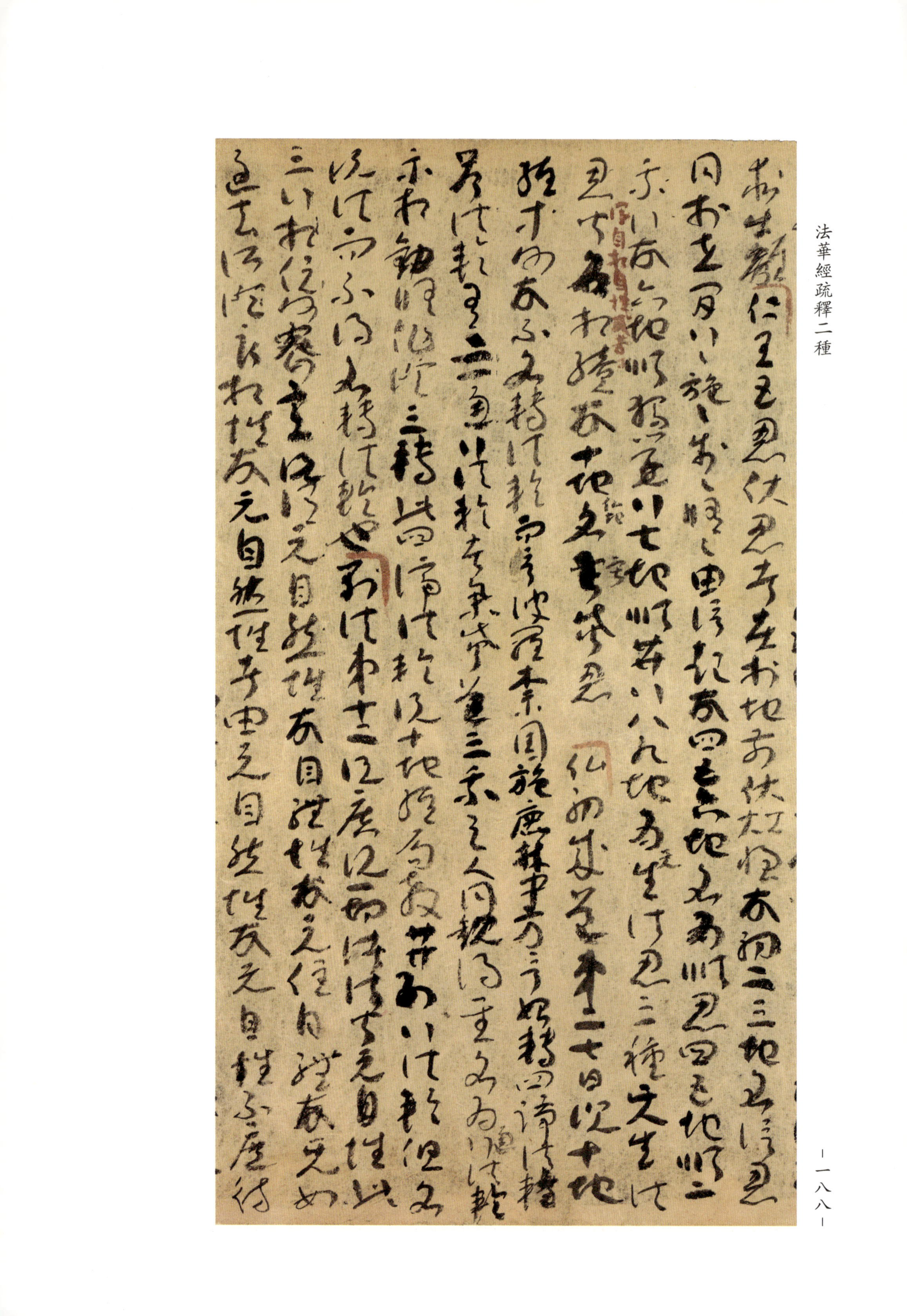

二七 求出離。仁王五忍伏忍者，在於地前伏煩惱故。初二三地名信忍，
二八 同於世間行施戒脩，行施戒脩由信起故。四五六地名爲順忍，四五地順二
二九 乘行故，六地順獨覺行。七地順菩薩行。八九地爲无[一]生法忍。三種无生法
三〇 忍，謂自相自性或昔等[二]皆名相續故，十地仏地[三]名寂[四]戚忍。仏初成道弟二
七日說《十地
三一 經》等，何故不名轉法輪？而言波羅柰国施鹿林中，方言始轉四諦法轉？
三二 答：法輪有二，一通行法輪者，集戚道三乘之人同觀，得聖名爲通[五]行法輪，
三三 示相勸修作證三轉，此四諦法輪。說《十地經》，局教菩薩別行法輪，但名
三四 說法而不得名轉法輪也。《對法》弟十二說，廣說一切諸法皆无自性。此
三五 三行[六]依何密意說。謂无自然性故，自體性故，无住自體故，无如
三六 過去所證取相性故。无自然性者，由无自然性，故无自性。不遮待

校注

【一】「无」，唐本小字補。【二】「謂自相自性或昔等」，唐本朱筆補。【三】「仏地」，唐本小字補。【四】「寂」，唐本原作字塗刪，旁改之。

【五】「通」，唐本旁補。【六】「行」下，唐本有「相」，點刪之。

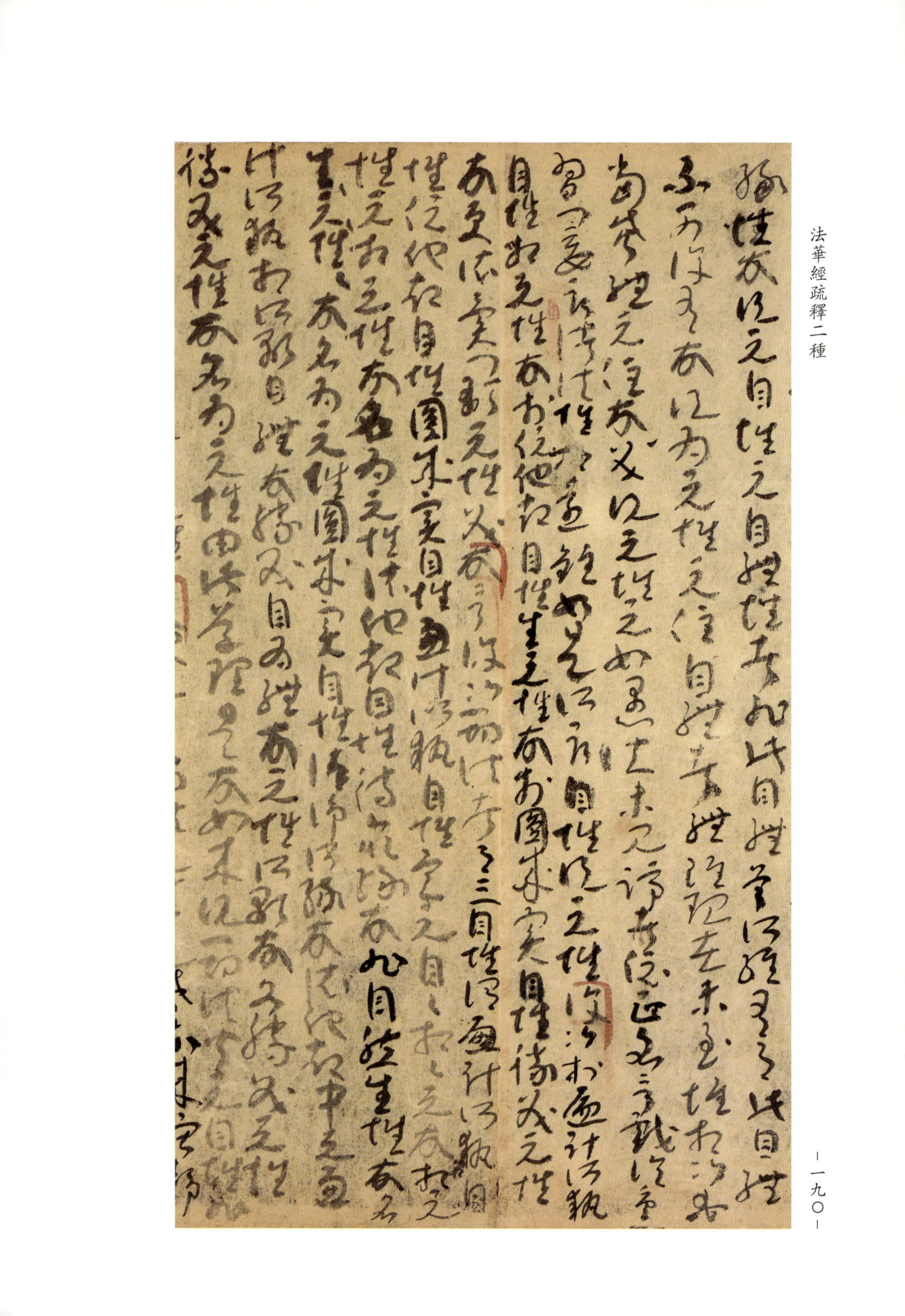

緣性故，説无自性。无自體性者，非此自體，曾所經有，即此自體不可復有故。説爲无性，无住自體者，體雖現在未至壞相，次必當威，體无住義故[一]説无性。无如愚夫，未見諦者，依止[二]名言戲論熏習門，妄取諸法性相遠離，如是所取自性説无性。復次於遍計所執自性，相无自性故，於依他起自性，生无性故。於[三]圓成實自性，勝義无性故。更依異門顯无性義。故言復次一切法者，即三自性。謂遍計所執自性，依他起自性，圓成實自性。遍計所執自性定无自相，自相无故，名[四]相无性。无相无性，故名爲无性。依他起自性，待衆緣故，非自然生性，故名生无性。生无性，故名爲无性。圓成實自性清静所緣故，依他起中无遍計所執相所顯自體故，勝義自爲體故，无性所顯故，名勝義无性。勝義无性，故名爲无性。由此道理，是故如來説：一切法皆无自性。非

校注

【一】「義故」，唐本作「故義」，中有倒乙符。【二】「止」，唐本初作「正」，上横有抹痕，依《大乘阿毗達磨雜集論》卷十二釋「止」。

【三】「於」，唐本形似「戒」，據《大乘阿毗達磨雜集論》卷十二釋録。【四】「名」，唐本小字補。

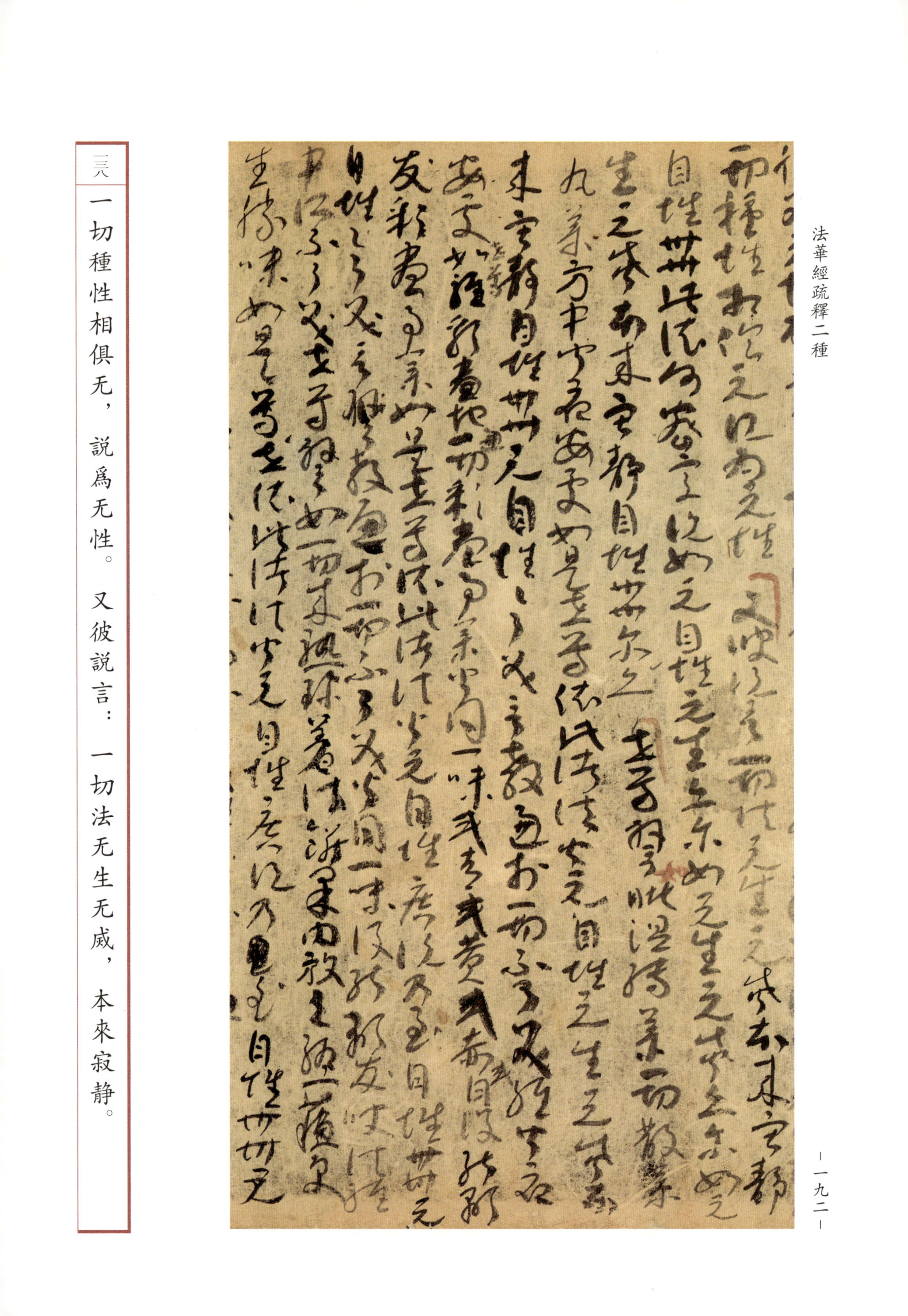

一三八

一切種性相俱无，說爲无性。又彼說言：一切法无生无烕，本來寂靜。

一三九 自性涅槃，此依何密意説。如无自性，无生亦尔，如无生无烕亦尔。如无
一四〇 生无烕，本來寂静，自性涅槃亦尔[一]。「世尊譬如[二]毗濕縛藥，一切散藥
一四一 丸藥方中皆應安處。如是，世尊依此諸法皆无自性，无生无烕，本
一四二 來寂静。自性涅槃无自性性了義言教，遍於一切不了義經，皆應
一四三 安處。世尊[三]如雜彩畫地，遍[四]一切彩畫事業，皆同一味。或青或黄或赤或[五]
白，復能顯
一四四 發彩畫事業。如是世尊依此諸法皆无自性廣説，乃至自性涅槃，无
一四五 自性性了義。」[六]言[七]教遍於一切不了義，皆同一味，復[八]能顯發彼法經
一四六 中所不了義。「世尊，譬如一切成熟珎羞諸餅果内，放[九]之熟蘇，更
一四七 生勝味。如是，世尊[一〇]依此諸法皆无自性廣説，乃至[一一]自性涅槃，无

校注

【一】「亦尔」，唐本作「尔亦」，中有倒乙符。【二】「如」，唐本朱筆補。【三】「世尊」，唐本旁補。【四】「遍」，唐本旁補。【五】「或」，唐本旁補。【六】以上引文出自《解深密經》卷二。【七】「言」下，唐本有「譬」，點删之。【八】「復」，唐本似「後」，依一四三行釋之。【九】「放」，《解深密經》卷二作「投」。【一〇】「世尊」，唐本作「尊世」，中有倒乙符。【一一】「至」上，唐本原有一字，墨塗之。

自性性了義。言[一]教置於一切不了義經，勝生[二]歡喜。譬如虛空遍一切處，皆同一味，不障一切所作事業。如是世尊依此諸法皆无自性廣説，乃至言自性涅槃，无自性性了義。言教遍於一切不了義經，皆同一味，不障一切聲聞、獨覺及諸大乘所脩事業。説是語已[三]，「勝生義[四]，當知我依相无自性性，密意説言一切諸仏[五]无生无滅，本來寂静，自性涅槃。何以故？若法同相无所有，則无有生，若无生則无有滅。若无生[六]滅，則本來寂静。若本來寂静，則自性涅槃。於中都无少所有更可令其般涅槃故。我依相无自性性，密意説言一切諸法无生无滅，本來寂静，自性涅槃。善男子，我亦依法无我性所顯勝義无自性性，密意言説一切諸法无生无滅，本來寂静，自性涅槃。何以故？法无我性，所顯勝義无自性性，於常常時，於恒諸法法[七]安住无爲。

校注

【一】「言」下，唐本有「譬」，點删之。【二】「勝生」上，唐本有「生」，點删之。然《解深密經》卷二作「生勝」。【三】「已」上，唐本有「時」，點删之。【四】「勝生義」，《解深密經》卷二作「勝義生」。【五】「仏」上，唐本有一字塗删。【六】「生」，唐本原作「有」，校改作「生」。「生」下，《解深密經》卷二有「無」。【七】「於恒諸法法」，《解深密經》卷二作「於恒恒時，諸法法性」。

一五九 一切雜染不相應故，於常常時，於恒諸法性[二]安住，故无爲。由无爲故，无

一六〇 生无滅，一切雜染不相應故，本來寂靜，自性涅槃。是故我依法无我

一六一 性所顯義无自性性，密意説言一切諸法无生无滅，本來寂静，
一六二 自性涅槃。」會機中引《涅槃》文，一切衆生悉有心者，此言有心未知心，若
取
一六三 緣意[二]心，則无性有情，亦得作仏。若取堅實心，即草木等无情之法，亦得
一六四 作仏。二俱有妨，今時解者，即取无漏種子，名作有心。若作此解定性，二乘
无
一六五 漏亦應得仏。還是有妨，今解就[三]无漏中還簡，但取鏡等。或[四]四智无漏爲有
一六六 心。則由此義應作四句料[五]簡。一自有真如非仏性，則草木及无性有情及
一六七 趣寂等。二自有仏性，非真如行仏性是。三自有真如亦仏性，則是四智
一六八 无漏種子。四自有非仏性，非真如遍計所等[六]，是遍二乘故。又解理性

校注

【一】「於恒諸法性」，《解深密經》卷二作「於恒恒時，諸法法性」。【二】「意」，唐本極似「二事一」，三〇八引行第九、十字作「緣意」，「意」與此同。《阿毗達磨品類足論》卷六：「非心爲所緣法云何？謂除心爲所緣意識及相應法，諸餘意識及相應法，若五識身及相應法，若色、無爲、心不相應行，是名非心爲所緣法。」【三】「就」，唐本似「龍」。【四】「或」，唐本小字補，形似「式」。【五】「料」，唐本形似「粮」。【六】「等」上，唐本有「性」，點刪之。

一六九 唯一種，凡聖皆悉有行性，有差別，凡中有闕具。又理性无生㓕，一向是

一七〇 无〔二〕爲收行性，有遷變俱是有爲攝。又理性无種，現託緣而所顯行性。唯有

一七一 現種附緣而得起種，有通聖凡、現行。唯聖有一機，有二。《涅槃》《法
花》。二機，有
一七二 三。《攝論》《地持》《善戒》。三機，有三。《般若》《勝鬘》。四機，有
三。《莊嚴》《楞伽》《瑜伽》。
一七三 六處殊勝，寂法師云：從十信入十住爲勝，從十住入十行爲弟二勝，從十行入
一七四 迴向[二]弟三勝，從此入十地爲弟四勝，從十地入等覺爲弟五勝，從等覺
一七五 入妙覺爲弟六勝。又解：從凡入信爲一勝，從信入住，從[三]住入行，從行入
向，
一七六 從向[四]入見，從見入十地，滿來揔爲弟六。言三種病人，《涅槃》廿六説：
「一者若有病人
一七七 得良醫[五]及瞻病者，則易差，如其不得則不可差；二者若得不得者，皆

校注

【一】「无」，朱筆補之。【二】此處當少「爲」字。【三】「從」上，唐本塗去一字。【四】「從向」，唐本旁補。【五】「醫」下，《大般涅槃經·王菩薩品第十》有「藥」。

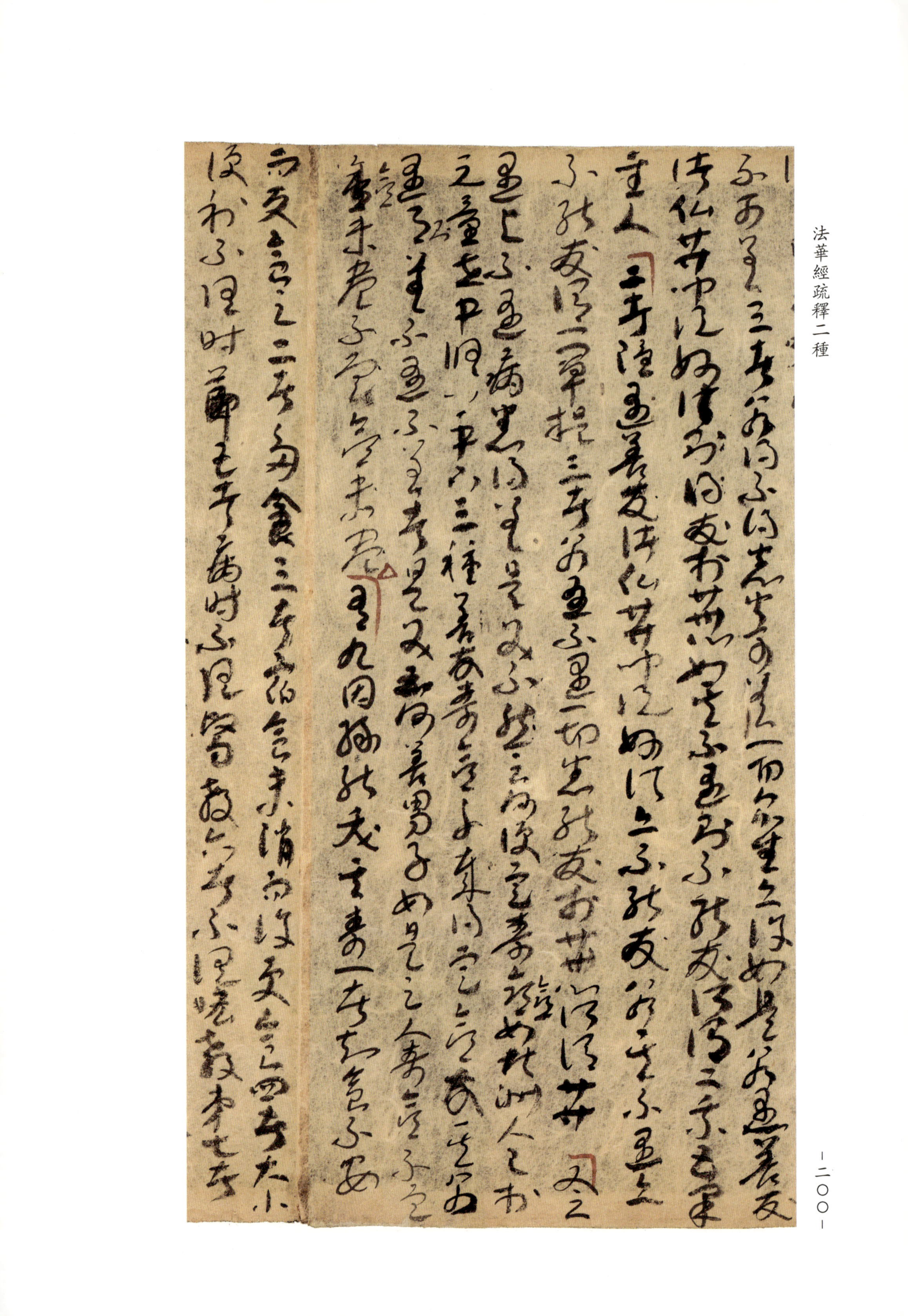

不可差；三者若得不得，悉皆可差。一切衆生，亦復如是。若遇善友，諸仏菩薩聞説妙法，則得[一]發於菩提心，如其不遇則不能發」，所謂二乘五果聖人。「二者雖遇善友，諸仏菩薩聞説妙法亦不能發，若其不遇亦不能發，謂一闡提。三者若遇不遇，一切悉能發於菩提心，所謂菩薩。」又云：

遇与不遇病悉得差，是義[二]云何便定壽命，命[三]如北洲人[四]已於无量世中脩上中下三種善故，壽命千歲，得定命故。其若遇則[五]差，不遇不差者，是義云何？善男子，如是之人壽命不定。命[六]未盡[七]，「有九因緣能夭[八]其壽。一者知食不安而反食之。二者多食。三者宿食未消而復更食。四者大小便利不隨時節。五者病時不隨醫教。六者不隨瞻教。弟七者

校注

【一】「則得」，唐本字有三個墨點，似刪之。然《大涅槃經》北凉譯本「則得」俱在，是以釋文存而注之。宋譯本無。【二】「是義」下，唐本有「不然」，點刪之。【三】「命」，唐本重寫。【四】「北洲人」，《大涅槃經》皆作「欝單越人」。【五】「則」，唐本原作「即」，旁改之。【六】「命」，唐本原字塗刪，旁補之。【七】「盡」下，唐本有「不定命未盡」，點刪之。【八】「夭」，唐本乃添筆字，見《敦煌俗字典》。

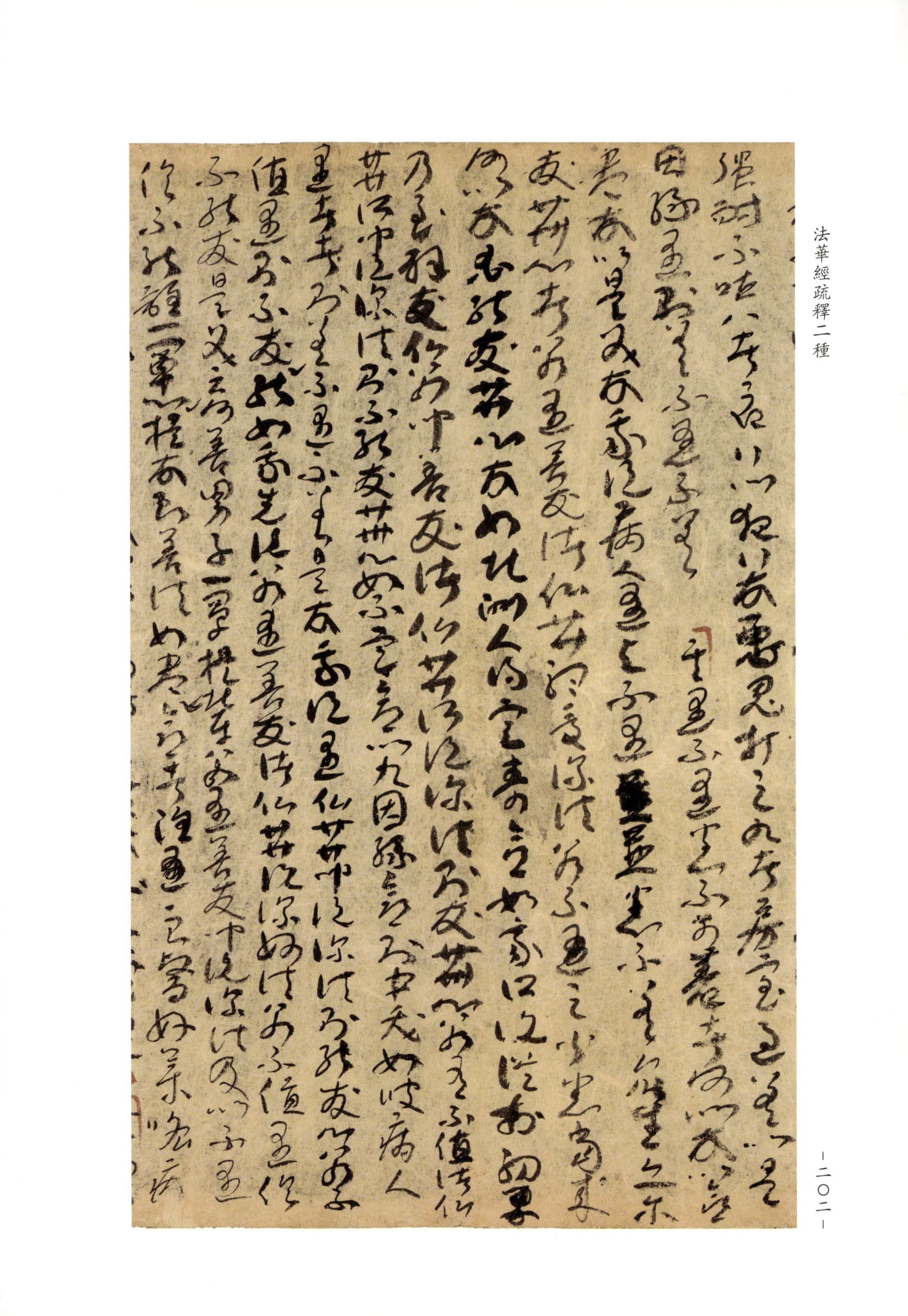

强耐不吐。八者夜行，以夜行故，惡鬼打之。九者房室過差[一]。」以是因緣，遇則差，不遇不差。「其遇不遇悉不可差者，何以故？以命盡故。以是義故，我說病人遇与不遇，並[二]悉不差。衆生亦尔，發菩提心者，若遇善友，諸仏菩薩聽受深法。若不遇之，皆悉當成。何以故？必能發菩提[三]心故。如北洲人得定壽命。如我所說從於初果乃至辟支仏。若聞善友、諸仏菩薩所說深法，則發菩提心。若有不值諸仏菩薩所聞說深法，則不能發菩提心。如不定命，以九因緣命則中夭，如彼病人遇者[四]則差，不遇不差。是故我說遇仏菩薩聞說深法，則能發心，若不值遇則不能發[五]。如我先說若遇善友，諸仏菩薩說深妙法。若不值遇，俱不能發。是義云何？善男子，一闡提輩若遇善友聞說深法，及以不遇，俱不能離一闡提心[六]。故斷善法，如命盡[七]者，雖遇良醫好藥瞻病

校注

【一】「差」，《大涅槃經》北凉譯本作「度」，宋譯本作「差」。【二】「並」上，唐本塗去一字。【三】「菩提」，唐本作「菩薩」，據《大般涅槃經》卷二十六改。【四】「者」下，唐本有「者」，點刪之。【五】「能發」，唐本作「發能」，中有倒乙符。【六】「提心」，唐本作「心提」，中有倒乙符。【七】「命盡」，唐本作「盡命」，中有倒乙符。

一九

不能得差。何以故？命盡故。」以斷生得諸善法故，亦[二]名一闡提。菩薩四重

二〇〇 任者，但凡夫以妻子爲重擔，前三果人以愛結爲重擔，由過上下愛[二]故，
二〇一 三界若菩薩以所作衆生爲重擔。即《勝鬘文》，是大悲菩薩。准《楞伽》文，
是説
二〇二 不成者。密意語其實得成。文云「以知諸法本來涅槃不捨衆生故」者，
二〇三 釋其大悲菩薩不成仏所以。若由此所以不成仏，豈可見道已後諸聖菩薩
二〇四 不知此義爲成仏耶？彼七地等覺既知而得成，此何不尔？必若因執應作
二〇五 例云：有无以相返，有性有不成，亦可无有以相翻，无性還成仏。
二〇六 想云大悲菩薩，准《楞伽》，化盡一切衆生界[三]分不入涅槃者。此少難解。何
者？且
二〇七 如初地菩薩以去，必更不造新業。此菩薩設令身中无數恒沙[四]故業，既由不更
二〇八 造新業[五]，故業會應有盡。如何不入涅槃，更得在於生死？解云：分段[六]故

校注

【一】「亦」，唐本右下有墨點，似删之。【二】「愛」，唐本原作草書「愛」，不確，旁補「愛」。【三】「界」，唐本墨道洇而不清楚，亦似「家」。【四】「沙」，唐本似「河」，依《法華經玄贊要集》卷五釋作「沙」。【五】「業」，唐本朱筆補。【六】「段」，唐本原字塗删，旁補「段」。

二〇九

業盡，還受變易身，由此不入滅。若尔受變易。与成仏化生何别？

仏身微妙，衆生不見。別起化身，令衆生見。令更變易身，轉微妙細，衆生不見道理，推定應起一化身，令衆生見。由此与成仏言教化衆生何殊？故知此義應更審思。若云於七地[一]中受分段身者，即有如前故業應盡之妨。若就八地變易身解者，即有与仏何殊之妨。多是地前菩薩造生死業，无盡期故。若尔，云何名大悲得聖[二]，乃至八地名大悲故。地前當地前造業資地上身，又成過去。既云无始，明知業亦无始。前七地中，用无始業資感生死，足得无窮。非如二乘伏[三]生死苦，裁生[四]不受，此解應好。義云：經中既自説大悲常入於變易身，起化衆生。理亦何妨。斷善根義，於中有四，一界分別，二趣分別，三身分別，四機分別。弟二能斷法中復二[五]，初出體，二釋名，三所斷。

校注

【一】「七地」，唐本作「地七」，中有倒乙符。【二】「聖」上，唐本有字，墨塗刪之。【三】「伏」，依《法華經玄贊要集》卷五當作「猒」。

【四】「裁生」，《法華經玄贊要集》卷五作「之」。【五】依據下文，「二」當作「三」。

善根中復三[二]，一釋名，二簡法，簡法一界分別，二欲中三恵分別。就聞思福

三一 分，解脱分，福中加行生得分別，生得中種現分別。三頓漸四，何時續緣。
三二 二約世分別，分別中復二，初現，後未。現中復二，初戒見辯[二]，二意[三]樂加
行辯。未
三三 來後二，初生二後。《瑜伽》五十八云，問：斷善根具[四]幾根？答：八根定不
成，
三四 餘根空有。若種善者，一切空有斷善根[五]。略爲[六]四類，一能斷，二明所
三五 斷，三明能斷人，四明何時續。初斷者准邪見能斷，若尔，何故《遺教經》
云：劫
三六 功德賊[七]，无過嗔恚。又廣論云：員滿增上，不善根者，能斷善根。能斷善
三七 根，如何乃言邪見不善根者即貪嗔癡故。今此據實邪見能斷僧

校注

【一】依據下文，「三」當作「二」。【二】「辯」上，唐本有字，塗刪。【三】「意」，唐本形似「二三」，上下寫散所致。《法華經玄贊要集》卷五：「戒見對者，若唯於戒壞見不壞……次意樂加行對者，加行壞意樂不壞。」【四】「具」上，唐本有字，塗刪。【五】「根」下，唐本有「者」，刪之。【六】「爲」，唐本原作「有」，旁改之。【七】「賊」，似「賤」，釋文從《遺教經》。

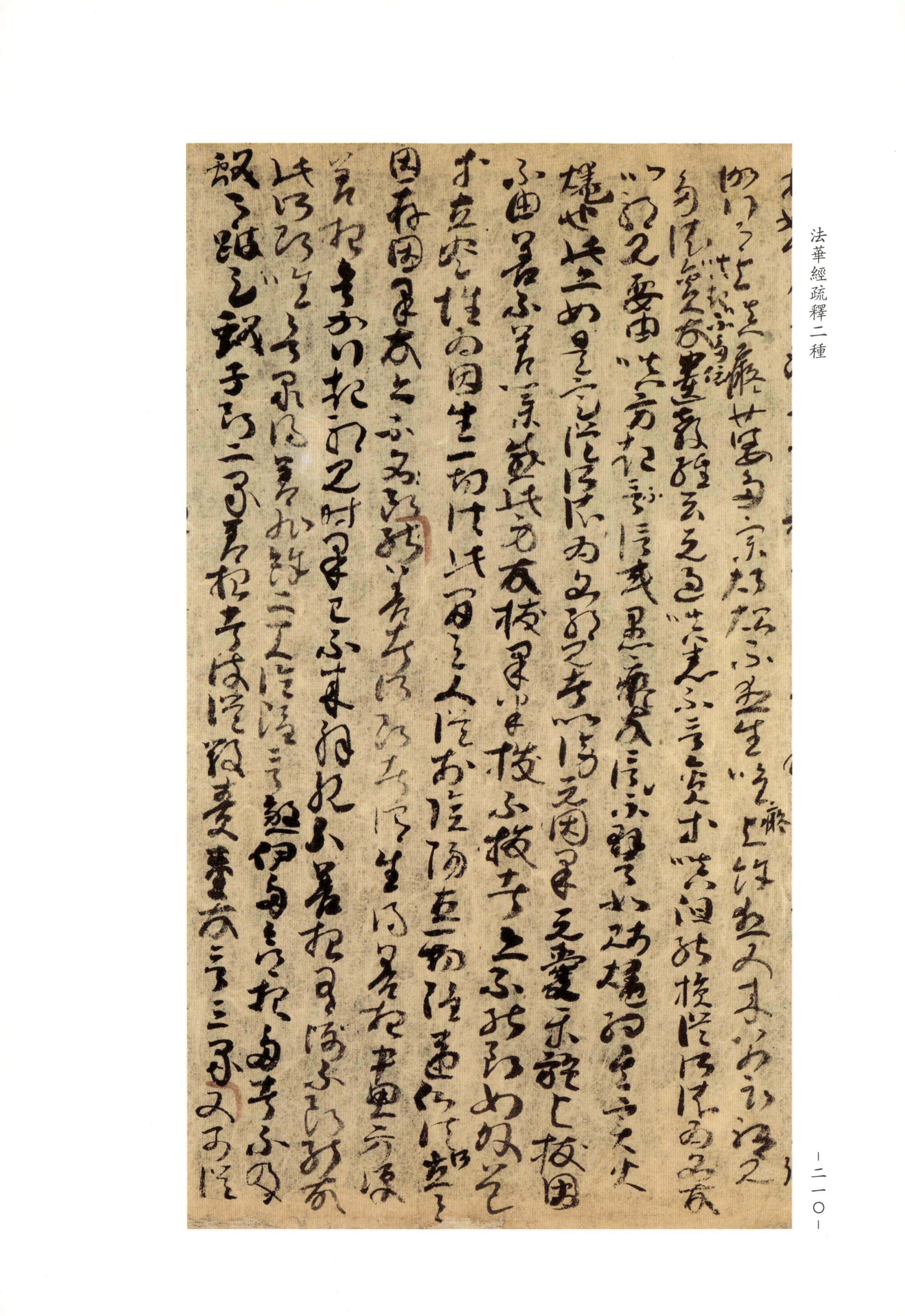

二八 伽行，即与嗔癡薩婆多宗煩惱不並生，唯癡[一]与餘並又來。若取邪見

二九 多依嗔起不多依[二]貪故。《遺教經》云：无過嗔恚，不言貪等。嗔但能損，從

所依爲名故，

三〇 以邪見要由嗔方起，不[三]信或愚癡故。不信[四]譬如賊燼，約其實火

三一 燒也，此亦如是。定從所依爲名邪見者，以傍无因果，无愛樂施与。撥因

三二 不由善不善業感此身故。撥果半撥不撥者，亦不能斷，如外道

三三 等，立空性爲因生一切法。此間之人，從於陰陽立一切，雖違仏法所[五]立之

三四 因，存因果故，亦不斷[六]。能[七]善者所斷者，謂生得善根，中思方便

三五 善根，欲加行起邪見，時果已不來解脱分善根，有漏不斷能故。

三六 此所斷唯欲界得善，非餘二天論，雖言煞伊多命根多者，不及

三七 蟻即跛足。蟻子斷二界善根者，彼從毀[八]責愛故言三界。又可從

校注

【一】「癡」，唐本旁補。【二】「嗔起不多依」，唐本補。【三】「不」，唐本原作「言」，旁改之。【四】「不信」，唐本作「信不」，中有倒乙符。

【五】「所」，唐本旁補。【六】「斷」上，唐本有「名」，點删之。【七】「能」，疑當作「斷」。【八】「毀」，唐本亦似「嚴」。

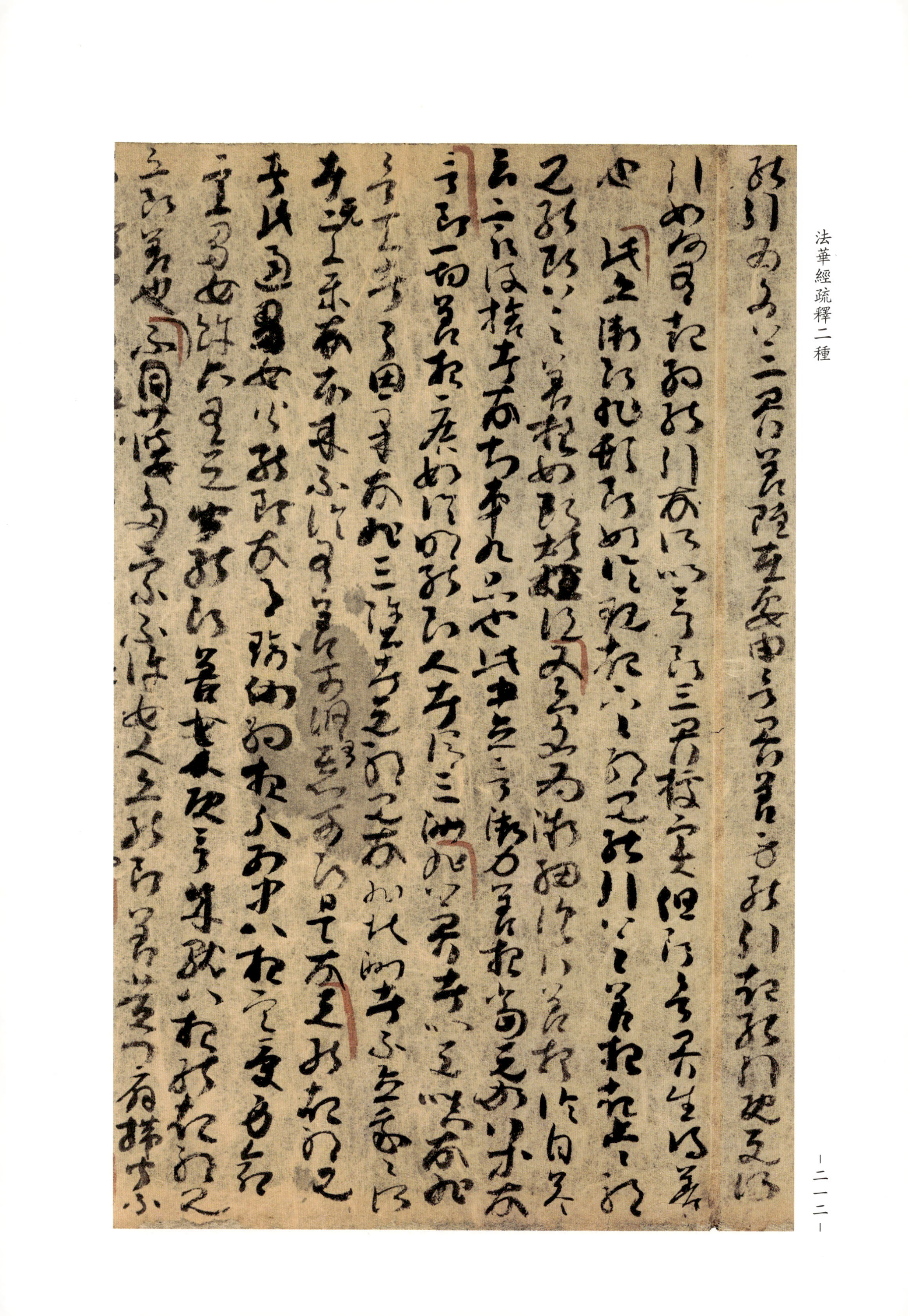

二三八 能引爲文，上二界善雖在，要由欲界善身能引起。能引既无所
二三九 引，如何有起？約能引故，所以言斷三界，據實但斷欲界，生得善
二四〇 也。此亦漸斷非期斷，如《論》現起下下邪見，能引上上善根，起上上邪
二四一 見，能斷上上善根，如斷煩惱説。又云：名爲微細，俱行善根。《論》自答
二四二 云：㝡後捨者，故知本九品也。此中立言漸力善根，當无加行等故。
二四三 言斷一切善根，廣如《論》明能斷人者，謂三洲。非上界者，以无嗔故。非
二四四 欲天者，了因果故。非三塗者，无邪見故。非北洲者，不立我我所
二四五 者，无[一]意樂故。本來不論。有善可脩，有[二]惡可斷，是故无能起邪見
二四六 者，此通男女皆能斷故。即《瑜伽》約根分別中八根定受身命，
二四七 意男女餘六有无皆能斷。善女人，既言成就八根能起邪見，
二四八 恐斷善也。不同薩婆多宗，不許女人亦能斷善，黄門扇搋[三]皆不

校注

【一】「无」，唐本旁補。【二】「有」，唐本旁補。【三】「搋」，唐本字形似「捇」，字書無「捇」。

二四九

能斷，猶如薄沙地[一]，但不生[二]嘉苗，穢草亦不生也。見行能斷，非愛行也。

何時續者，要由有正見。疑今能續生疑者，疑[三]有因果故。正見者，謂見苗稼從種子生，即是因果。人等亦尒，業能爲因，受[四]自體果。有此見時，善根還續。緣力斷者，地獄生時續。因力者，地獄死時續。緣[五]謂惡故，因是自身。若兼[六]逢者。定墮无間。不兼者，則[七]餘地獄不定。若見壞戒不壞現身，能續見戒俱壞後身續。若意樂斷而加行不斷，或加行斷而意樂不斷，並至現身續，加行意樂兼斷，即後身續。此言意樂斷者，即心中斷一切善根。是而威儀礼茚仍存[八]，法式名加行不[九]斷。《瑜伽》云：何斷善根謂利根者，成就上品諸惡意樂現行

校注

【一】「地」下，唐本有「河」，點刪。【二】「生」，唐本粗筆改之，疑似「出」。【三】「疑」上，唐本有「有」，朱筆塗之，並點刪。【四】「受」，唐本原有字塗刪，旁改。【五】「緣」上，唐本原有「緣」，塗並點刪。【六】「兼」，參考二五五行第二十字「兼」釋之。「兼」上，唐本有「留」，刪之。【七】「則」，唐本原作「則」，刪之，又補「則」。【八】「存」上，唐本有「言」，點刪。【九】「不」，唐本旁補。

二五八 法故，復隨順彼惡友故。彼邪見纏極重，圓滿到究竟故。彼於一切惡見行中，
得既无食恐故。能斷善根，此中[二]種子亦名善根，无貪
二五九 嗔等，亦名善根。但由安立現行善根，相違相續名斷善根[三]，非由欲損種子

故。云何續善根？謂由性利根見親朋友脩業故。[三]
二六〇 福生善，丈夫聞正法故，因生猶豫證決定故，還續善根。
二六一 《涅槃》弟卅五。五種仏性，七種仏性。廣明應撿之，斷善根人，數復次
二六二 釋撿之而說。加葉白仏言：「世尊，何人等輩[四]能斷善根？」「善男子，若
二六三 有聰明黠[五]惠利根能斷善[六]。人遠離善友不聽正法，不善思惟，
二六四 不如法住，如是之人能斷善根。」乃至「斷善根者，非下[七]劣愚夫鈍根
二六五 之人，亦[八]非天中及三惡道，破僧亦尔。」分部十夢[九]頌：象[一〇]井麨檀樹，
二六六 象鐺猴黑疊。[一一]謂人壽二万歲時，加業仏時，彼仏出世。于時有王

校注

【一】「圓滿」至「此中」，唐本行間小字補。【二】「根」下，唐本有「業故」，點删之。【三】「非由」至「業故」，唐本行間小字補。【四】「輩」，唐本作「業」，據《大般涅槃經》北凉譯本卷三十五改。【五】「黠」，唐本作「豁」，據《大般涅槃經》北凉譯本卷三十五改。【六】「善」下，唐本有「根」，點删之。【七】「下」，唐本作「上」，據《大般涅槃經》北凉譯本卷三十五、宋譯本卷三十二改。【八】「亦」，唐本作「今」，據《大般涅槃經》北凉譯本卷三十五、宋譯本卷三十二改。【九】「夢」，唐本草率，如「夢曰」。【一〇】「象」，唐本形似「鳥」。【一一】此偈，《阿毗達磨俱舍論》卷九作「謂大象井麨，栴檀妙園林，小象二獼猴，廣堅衣鬬諍」，《百法論顯幽鈔》卷一作「大象及井麨，栴檀妙薗林。小象二獼猴，廣堅依鬬諍」。

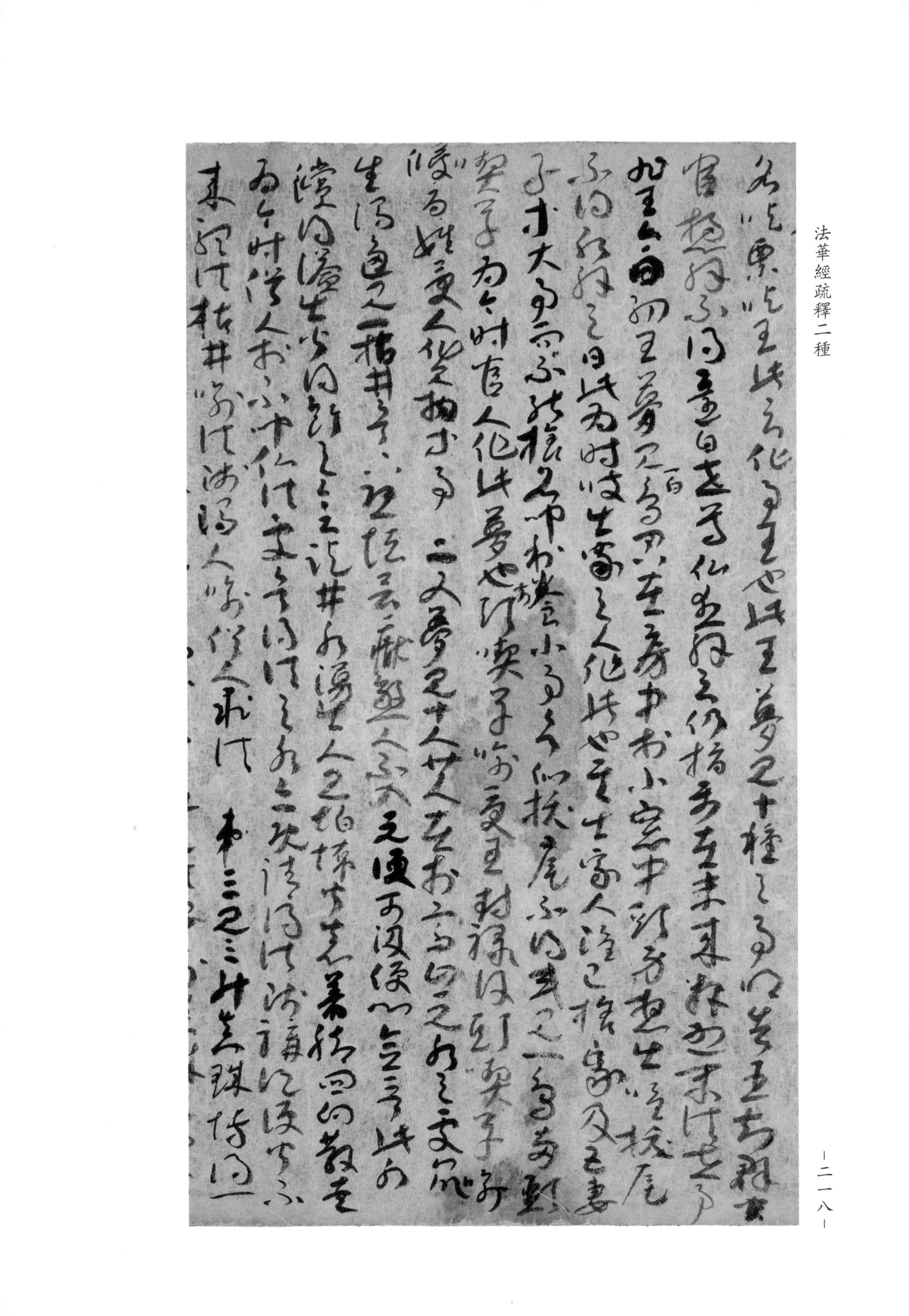

[illegible]

名吃栗吃王[一]，此云化事王也。此王夢見十種之事，明告王知。群[二]官摠解不得，還白世尊。仏並解云：仍指屬在未來，釋迦末法世事，非王今日。初王夢見一白[三]象[四]，閇在房中，於小窓中頭身想出，唯拔尾不得。願解之。曰：此爲時彼出家之人作此也，其出家人雖已捨家，及五妻子等大事而不能捨，名聞利養小事，欲似拔尾不得。或見一象兩頭喫草，爲今時官人作此夢也。前[五]頭喫草喻受王封禄，後頭契草喻侵百姓受人貨物等事。二又夢見十人廾人在於高山无水之處，衆生渴逼，見一枯井。欲下恐壞，畏瀻[六]煞人。不入无便可汲。便心念言：此水償[七]得溢出，皆得飲之。念訖，井水湧出。人見怕怖，皆悉着脚四向散走。爲今時俗人於不聞仏法處，欲得法之水，亦既請得法師講説，便皆不來聽法。枯井喻法師，渴人喻俗人求法。弟三見三升真珠博得一

校注

【一】「吃栗吃王」，《阿毗達磨俱舍論》卷九、《俱舍論頌疏記》卷一、《百法論顯幽鈔》卷一作「訖栗枳王」。【二】「群」下，唐本有「一」，塗之。【三】「一白」，唐本旁補。【四】「象」，唐本如「鳥」，草書寫卷「象」、「鳥」每混，二七一行「象」同此。【五】「前」，唐本旁補。【六】「瀻」，「厭」之俗字。【七】「償」，依文義當作「儻」。

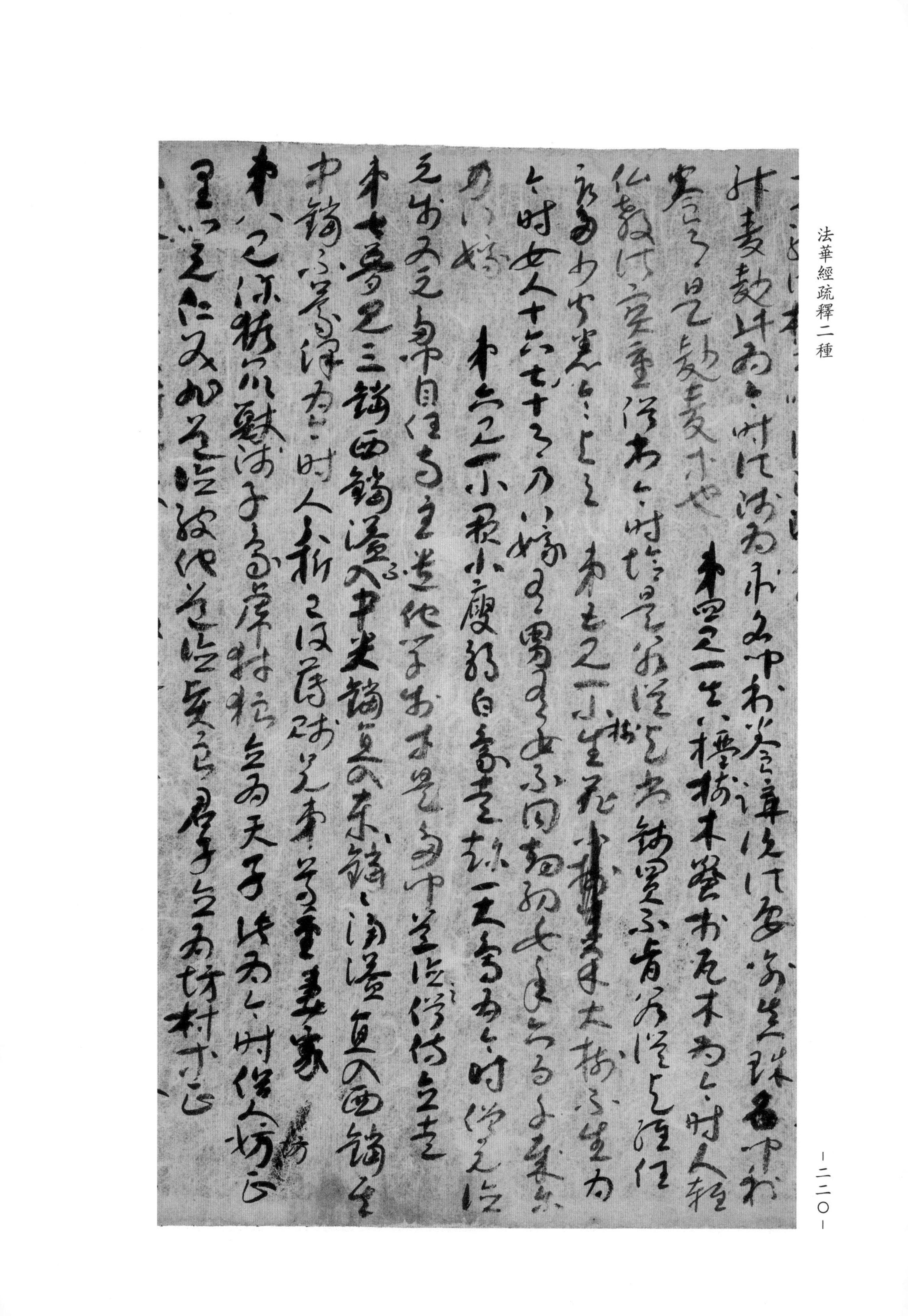

二七八 升麦[一]麨。此爲今時法師爲求名聞利養講説法要喻，真珠名聞利
二七九 養，即是麨麦等也。弟四見一真檀樹，木蜜於凡[二]木，爲今時人輕
二八〇 仏教法寶，重俗書，今時恰是。若從乞書，錢買不肯。若從乞經，任
二八一 取多少，皆悉令与之。弟五見一小樹[三]生花[四]菓，大樹不生。爲
二八二 今時女人十六十七[五]即乃行嫁。有男有女不同刼初女年六百千歲尔
二八三 乃行嫁。弟六見一小闞，小瘦弱白象走趁一大象。爲今時僧无德
二八四 无戒，又无多聞，自任寺主，遣他學戒等是，多聞道德之[六]僧侍立走。
二八五 弟七夢見三鐺，西鐺溢，不[七]入中央鐺，直入東鐺。東鐺滿溢，直入西鐺，其
二八六 中鐺不蒙澤。爲今時人分析已後，薄賤兄弟，尊重妻家。
二八七 弟八見弥猴衆獸師子象虎豺狼，立爲天子。此爲今時俗人坊[八]正，
二八八 里以无仁義非道德，被他道德賢良君子立爲坊村等正。

校注

【一】「麦」，「麥」之俗字，此形始於漢隸《西狹頌》。【二】「凡」，唐本作「瓦」，參照《百法論顯幽鈔》卷一釋録。【三】「樹」，唐本旁補。【四】「花」下，唐本塗去「小樹生」三字。【五】「十七」，唐本作「七十」，中有倒乙符。【六】「之」，唐本旁補。【七】「不」，唐本旁補。【八】「坊」，唐本原作「妨」，旁改「坊」。

未知之同異稱斷法數之者故者名起四今時人亦同之俗是之
足根人之方者起十二之一法白疊之廿詩四時人亦之門八為廿義
為釋也等法小乘廿數
問五一宗皆我改在是此二一宗主義
我立二宗立有四種二宗亦一內道外道為二二內中大乘小乘為
二三大中之宗有五宗為二四立中有宗者宗空宗為二我立三
種宗但俱舍宗小乘兩宗時部宗我立四種宗者立性破性
立破部實立立衣部有正量應部之性自部法一種清淨一種
八種宗如法　一種十一種宗小乘為十二部一種十六種宗外道
為十六一種十六種宗文殊四種十四小乘有十六部一種廿種宗之
難廿部廿部是之一種廿二種宗之難廿部小異為中為之二種故
宗中立宗有四種有多部立有衣部為四宗小為四宗之相亦
小乘為四　有宗二二宗立而八宗小乘之性仙小此北八宗小種是大乘

二八九 弟九見墨猕猴，諸獸見者散走藏避。爲今時人不問道俗，有見
二九〇 无賴人，人皆走避。十見一張白疊，廿人共諍。少時[一]之間分爲廿段，
二九一 爲釋迦滅後小乘廿[二]部，初並一宗，對戲論故。彼无義言宗主故。
二九二 或立二宗，亦有四種二宗，一内道、外道爲二，二内中大乘、小乘爲
二九三 二，三大中中宗、邊宗爲二，四邊中有宗[三]、空宗爲二。或立三
二九四 種宗，謂隨病宗、部别宗、時顯宗。或立四種宗者，立性，破性，
二九五 破[四]相，顯實。亦本影有四[五]，正量唯本，无性唯影，護一種清辨，一種
二九六 八種宗如疏。一種十一種宗，小乘爲十一部。一種十六種宗，外道
二九七 爲十六。一種十八種宗，《文殊問經》等明小乘有十八部。一種廿種宗，宗
二九八 輪廿部，廿部是一種。廿二種宗，宗輪廿部，上更加中邊二種叙
二九九 宗。中古宗有四種相，各别立故。本影爲四，心分爲四，謂見相等
三〇〇 心境爲四。六宗二宗合爲八宗，无性仏不説法，八宗不攝是大乘。

校注

【一】「時」下，唐本有「人不」，點删。【二】「廿」，唐本旁補。【三】「宗」下，唐本有「盡」，點删。【四】「破」，唐本原作「立」，旁朱筆改作「破」。【五】「四」，唐本旁補。

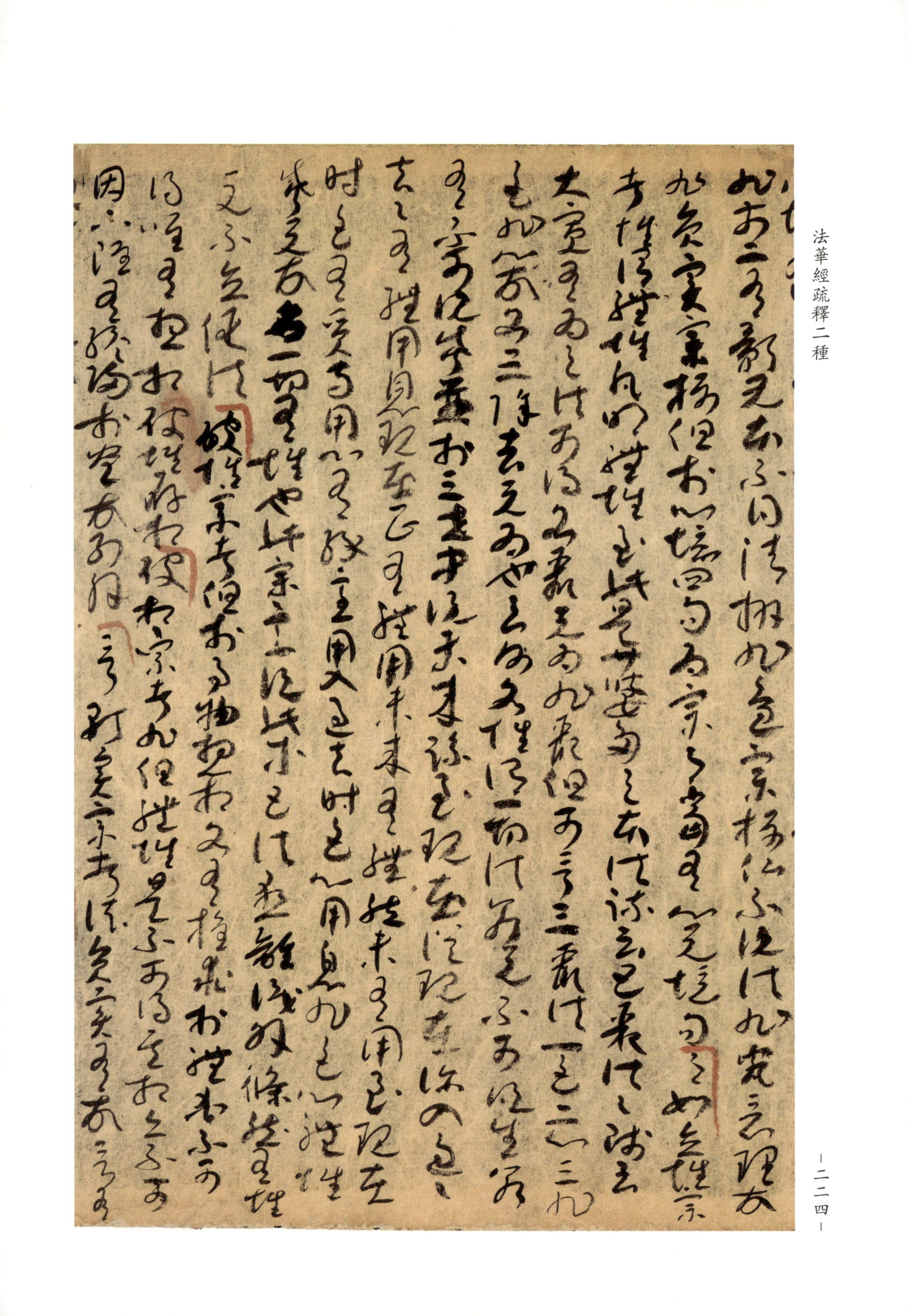

非前二有影无本，不同清辨。非邊宗攝仏不說法，非究竟理故。非員實宗攝，但於心境四句爲宗，即當有心无境句。即如立性宗者，性謂體性，凡明體性，至此是薩婆多之本。《法疏》云：五聚法法師云：大寬有爲之法，可得名聚。无爲非聚，但可言三聚法，一色，二心，三非色非心，故名三除去无爲也。云何名性謂一切法？若无不可說生，若有不可說烕。並於三世中說未來疏至現在，從現在深入過去，過去有體用息，現在正有體用，未來有體，然未有用，至現在時，色有質㝵用，心有緣意[一]用，入過去時，色心用息，非色心體性烕无，故名一切有性也。此宗意說此等五法，並離識外，條然有性，无不立假法。破性宗者，但於事物揔相名有，推求於體，必不可得。唯有揔相，破性存相。破相宗者，非但體性是不可得，其相亦不可[二]，因下雖有，終歸於空，故別解。言顯實宗者，依員實有，故言有，

校注

【一】「意」，與一六三行第二字字形近，且更緊湊，乃釋「意」。【二】「可」下當補「得」。

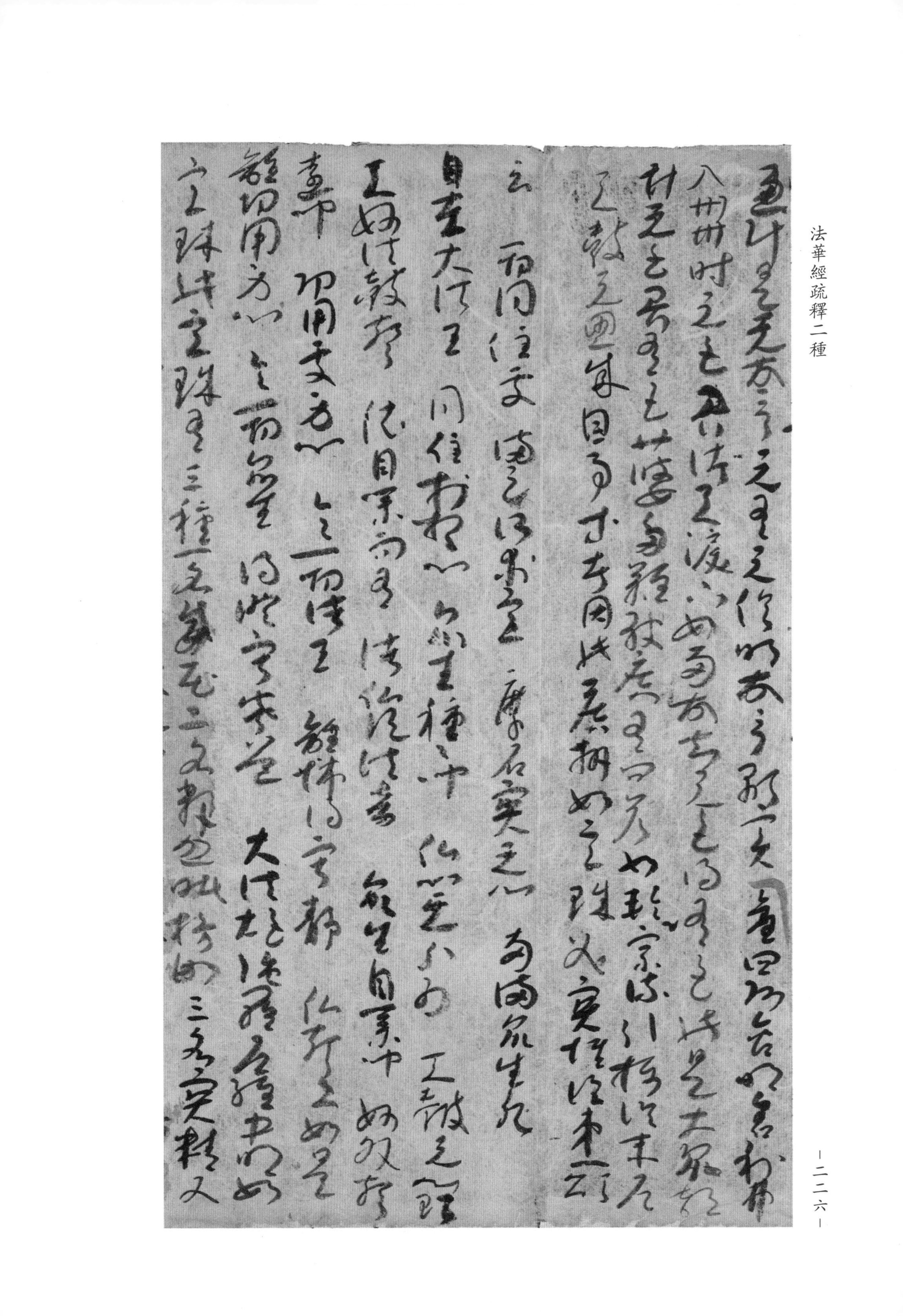

遍計是无，故言无，有无俱明，故言顯實。舊四《阿含》明舍利弗入涅槃時，无色界諸[一]天，淚下如雨。故知无色得有色，此是大衆部計无色界有色。薩婆多難破，廣有問答，如《宗輪[二]疏》引《攝論》，末尼天鼓无思成自事等者，因此，廣辯如意珠義。《寶性論》弟一頌云：「一切[三]同住處，滿足所求意。摩尼[四]寶无心，而[五]滿衆生願。自在大法王，同住於悲[六]心。衆生種種聞，仏心无分別。」天鼓无心理。「天妙法鼓聲，依自業而有，諸仏説法音，衆生自業聞，如妙[七]聲遠聞，功用處身心，令一切諸天[八]，離怖得寂静。仏聲亦如是，離功用身心，令一切衆生，得證寂滅道。」《大法炬陁羅尼經》中明如意珠，此意珠有三種，一名威花，二名釋迦毗楞伽，三名寶精。又

校注

【一】「界」下，唐本有「諸」，旁有墨點，不似點删。《增一阿含經》卷二十有「無色界天」，卷五十有「無色界諸天」。【二】「宗輪」，唐本作「輪宗」，中有倒乙符。【三】「切」，《究竟一乘寶性論》卷一作「時」。【四】「尼」，唐本作「石」，依《究竟一乘寶性論》卷一釋「尼」。【五】「而」，唐本作「兩」，依《究竟一乘寶性論》卷一釋「而」。【六】「悲」，唐本作「想」，據《究竟一乘寶性論》卷一改。【七】「如妙」，唐本作「妙外」，據《究竟一乘寶性論》卷一改。【八】「天」，唐本作「王」，依《究竟一乘寶性論》卷一釋「天」。

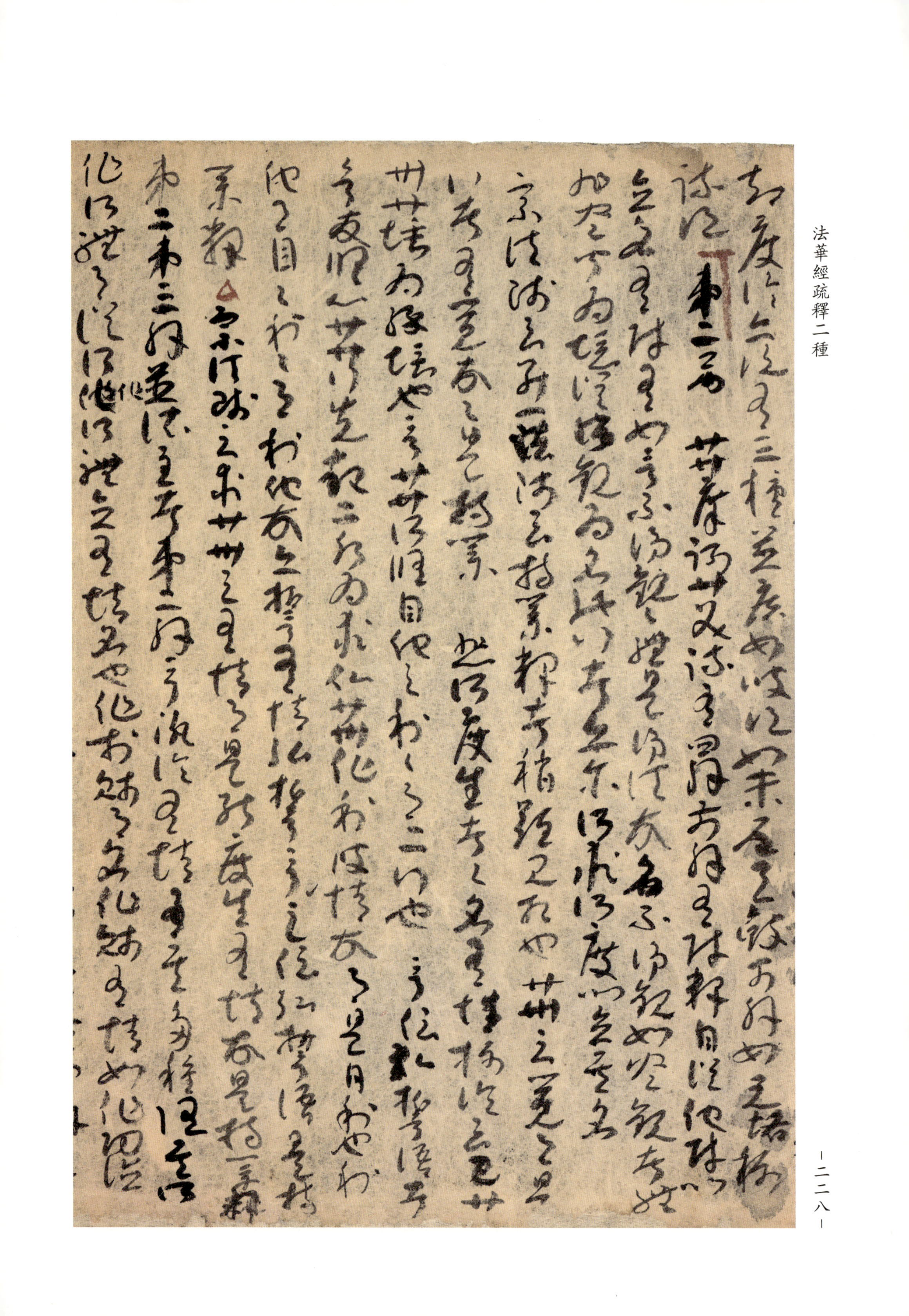

《智度論》亦説有三種，並廣如彼説。如末尼天皷可解，如《无垢称疏説》。弟二弓。菩薩摩訶薩，義疏有四解，前解有財，釋自從他財以立名。有財有如言不浄觀，觀體是浄法故名不浄觀，如空觀者體非空，皆爲境從所觀爲名，此行者亦尔。所求所度，心立其名。宗法師云，并一法師云：持業釋者，稍難見相也。菩提云：覺即是行者，有覺故，故是持業。悲所度生者，者名有情。《攝論》云：見菩提薩埵爲緣境也。言菩薩所脩自他之利，利即二行也。言依弘誓語者，欲發脩心菩薩行，先起二願，爲求仏菩提化利彼情故，即是自利也。利他即自利，自利即他故。亦誓有情弘誓之言[一]，依弘誓語是持業釋。宗法師之求菩提之有情，即是能度生有情故，是持業釋。弟二弟三解，並依主者。弟二解言：汎論有情，有其多種，隨其所作所體。即從所作[二]所體，立有情名也。作於賊即名作賊，有情如作功德

校注

【一】「之言」，唐本作「言之」，中有倒乙符。【二】「作」，唐本原作「他」，旁改「作」。

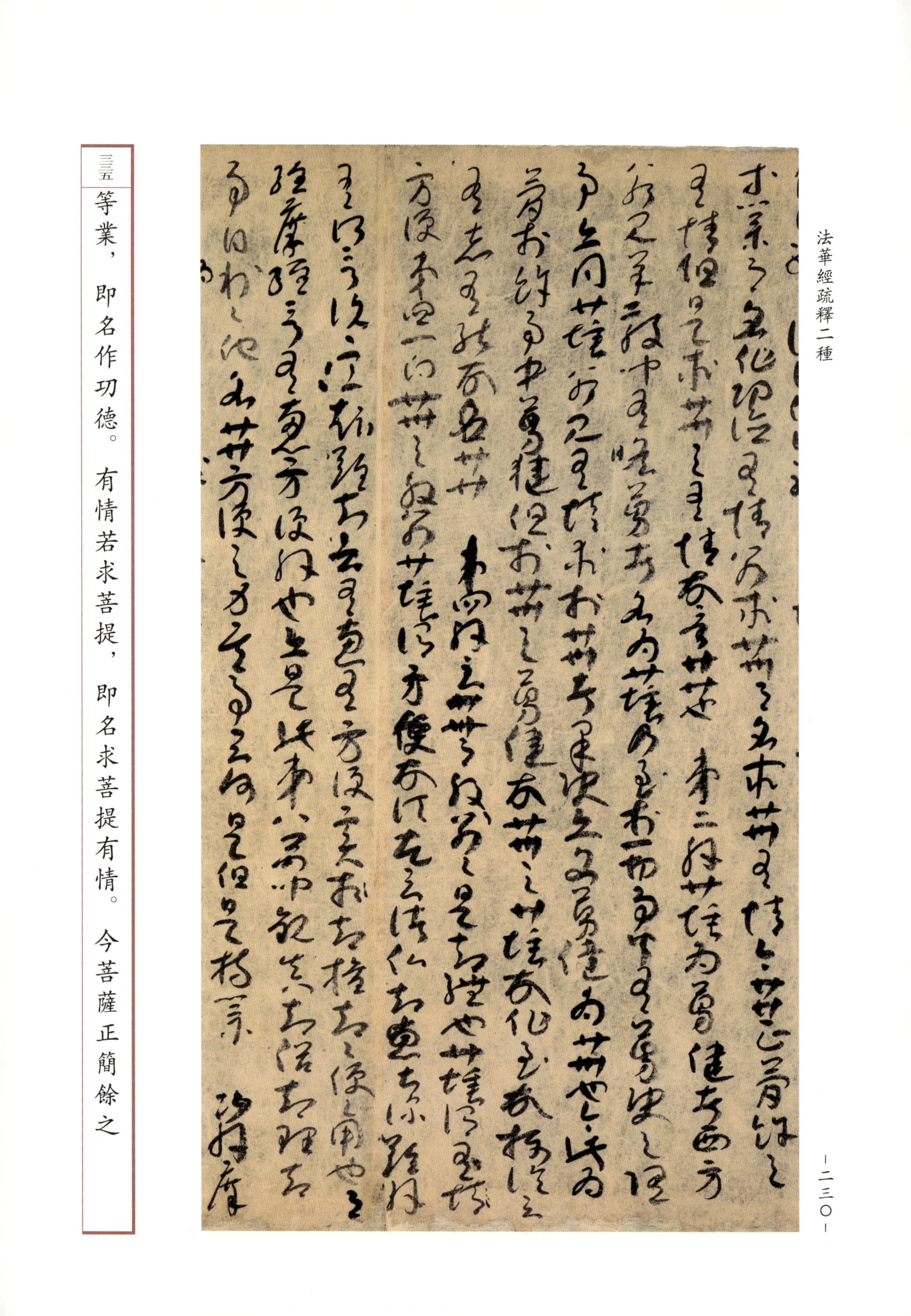

三五

等業，即名作功德。有情若求菩提，即名求菩提有情。今菩薩正簡餘之有情，但是求菩提之有情，故言菩薩也。弟二解薩埵爲勇健者，西方若見果毅聞有瞻[一]勇者，名爲薩埵。乃至於一切事，皆有勇决之，隨事亦同薩埵。若見有情求於菩提者果决，亦名勇健，爲菩提也。今此爲簡於餘事中，勇健但於菩提之勇健故，菩提之薩埵故，作[二]至故。《攝論》云：

有志有能故名菩薩。弟四解云：菩提即般若，般若是智體也。薩埵謂[三]方便。弟四一句[四]，菩提即[五]般若，薩埵謂方便。故《法花》云：諸仏智恵甚深難解，

有所言説，意趣難知。云有恵、有方便、實[六]智、權智、智便，智便用也。即《維摩經》言「有恵方便解」也，亦是此弟八弖。聞觀真智、俗智、理智，事自利利他，名菩薩方便之力。其事云何是[七]但是持業。次解摩

校注

【一】「膽」，唐本似「瞻」，依文義釋「膽」。【二】「作」，唐本似「化」，「化」、「作」，寫卷易混。【三】「謂」下，唐本有「有情」，點删之。【四】「句」，唐本亦似「向」或「得」。【五】「即」，唐本作「之」，據上下文改。《妙法蓮華經玄贊》卷二：「菩提即般若，薩埵謂方便，如是二法能利能樂一切有情，故名菩薩，亦菩提亦薩埵。」【六】「實」下，唐本有「相」，點删之。【七】「是」，疑當删。

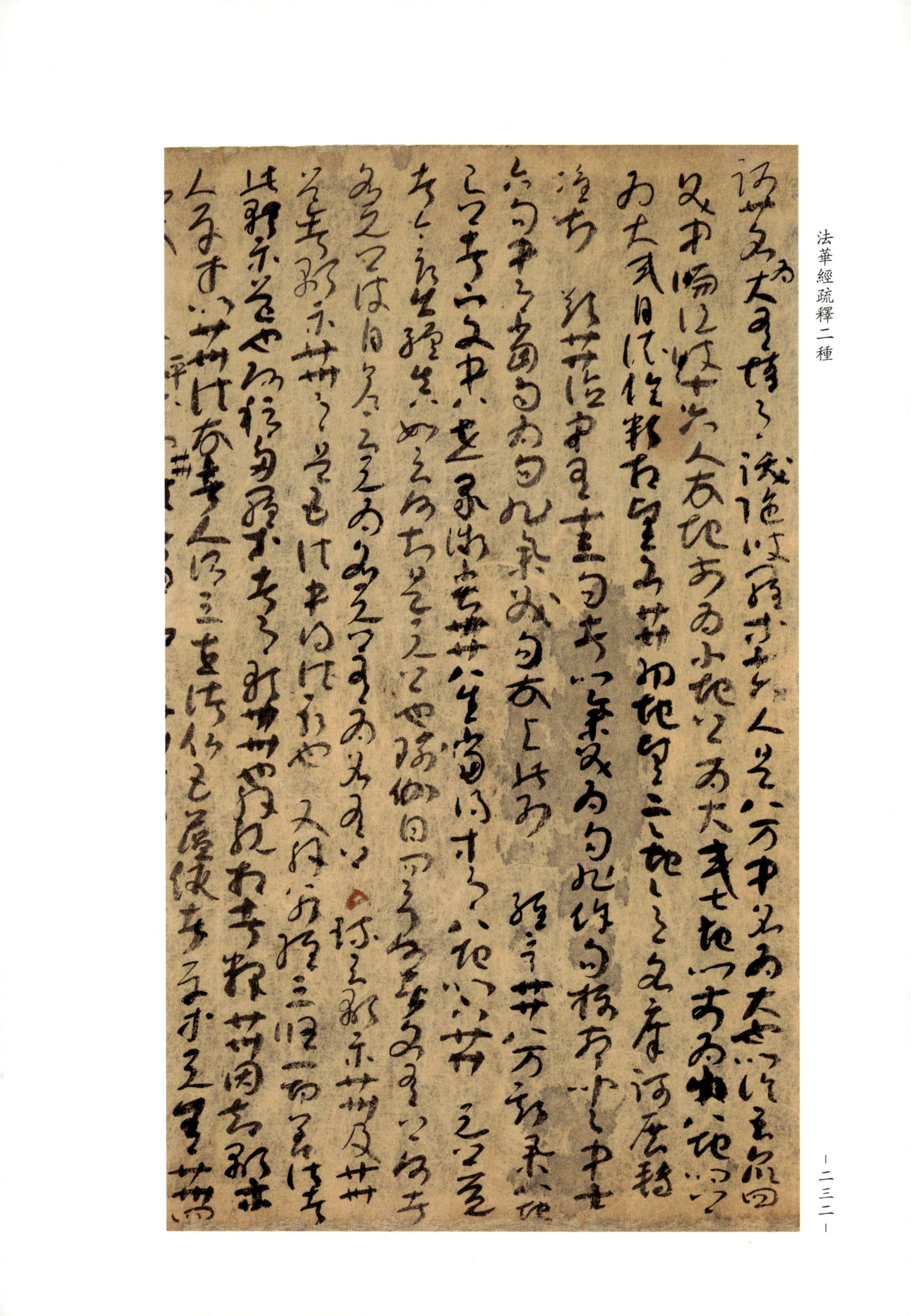

三四五 訶薩名爲[一]大有情。即跋陁波羅等十六人，是八万中名爲大也。以論云：衆四
三四六 義中，偏説彼十六人故。地前爲小，地上爲大。或七地以前爲小，八地以上
三四七 爲大。或自依倫判相望，名菩薩初地望二地，二地即名摩訶，展轉
三四八 准知。歎菩薩德中有十三句者，以集義爲句。非餘句攝聲聞，聞中七
三四九 六句中，即當句爲句，非集義句，故与此别。《經》言菩薩八万，斯乱八地
三五〇 已上者，下文中八世界微尘菩薩，八生當得等。即八地以下菩薩，无上覺
三五一 者。令取出纏，真如云何？知是无上也。《瑜伽》自問言：何者名有上？何者
三五二 名无上？彼自答云：无爲名无上，有爲名有上。《疏》云：顯示菩提及菩提
三五三 道者。顯示菩提，即是五法中得法取也。又解：若經三脩一切善法者，
三五四 此顯示道也。阿耨多羅等者，即顯菩提也。解脱相者，釋菩提因智顯示
三五五 人平等，以菩提法故者。人謂三世諸仏、五藴假者，平等无差，菩提四

校注

【一】「爲」，唐本旁補。

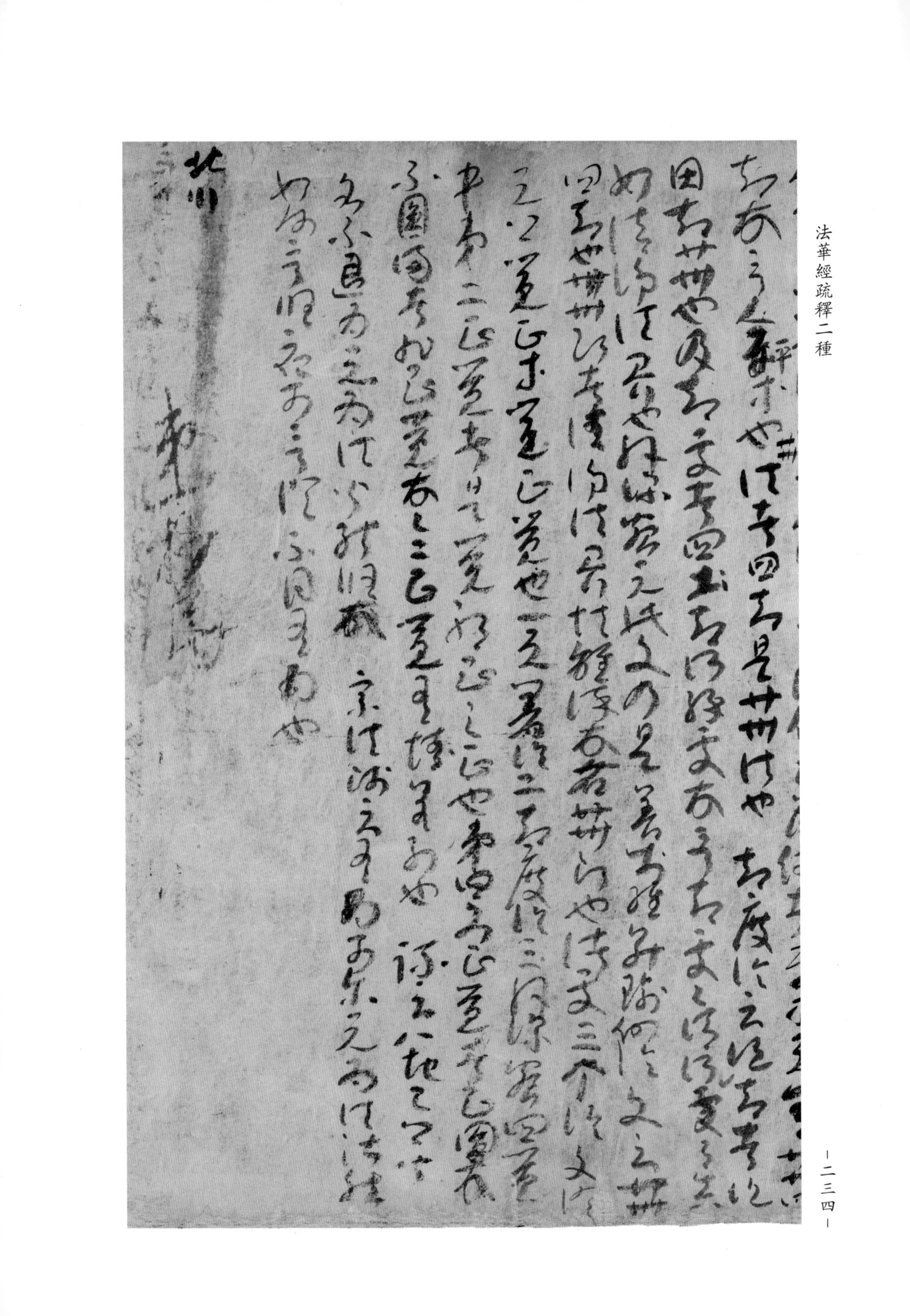

三五六 智，故言人平[一]等也。菩提[二]法者，四智是菩提法也。《智度論》云：說智
者，說
三五七 因智菩提也。及智處者，四[三]智所緣處，故言智處。處謂處所[四]，即真
三五八 如清淨法界也。《解深密》无此文，乃是《善戒經》并《瑜伽論》文云「菩提
三五九 四智」也。涅槃斷者，清淨法界性離染故，名菩提斷也。諸處三个論，文證
三六〇 无上覺正等覺正覺也。一《无著論》。二《智度論》。三《解深密》。四覺
三六一 中弟二正覺者，是覺邪，正之正也。弟四名正覺者，正圓故，
三六二 不圓滿者，非正覺故。令正覺有情[五]差別也。《疏》云：八地已上皆
三六三 名不退，爲无爲法皆能脩故。宗法師云：有爲可尔，无爲法湛然。
三六四 如何言脩？應可言證。不同有爲也。
三六五 北川[六] 弟一抄□

校注

【一】「平」，唐本原字塗之，旁補「平」。【二】「菩提」，唐本旁補。【三】「四」下，唐本有「土」，點刪。【四】「處所」，唐本作「所處」，中有倒乙符。【五】「情」旁，唐本有一點，似刪。【六】「北川」，與本卷墨色不同，亦非本卷書寫者之字。

《法華經》疏釋本及其國圖藏敦煌草書寫卷概述

《法華經》作爲初期大乘佛教的經典代表作之一，在中國佛教思想體系中被稱爲「衆經之王」，與《仁王護國般若波羅蜜經》和《金光明最勝王經》並稱「護國三經」，在佛教史上産生了深遠的社會影響，發揮過多方面的積極作用。《法華經》梵文經題爲 saddharma-puṇḍarīka-sūtra，藏文經題爲 དམ་པའི་ཆོས་པད་མ་དཀར་པོའི་མདོ།，saddharma 漢譯爲妙法、正法、浄法等，對應藏文 དམ་པའི་ཆོས（དམ་པ：高等、正、妙等；ཆོས：法）；puṇḍarīka 譯爲蓮花，對應藏文 པད་མ་དཀར་པོ（白色的蓮花）；sūtra 譯爲經，對應藏文 མདོ。《法華經》成立於公元前後，或者公元前二世紀至公元三世紀，歷史上智顗以《法華經》立宗開中國佛教天台一脉，日本聖德太子親撰《法華經義疏》，日蓮奉《法華經》成立日蓮宗，足見《法華經》在整個東亞佛教世界中的影響。現存敦煌遺書中僅《妙法蓮華經》就有七千餘號，包括二卷本、七卷本、八卷本、九卷本、十卷本。十九世紀以來，《法華經》先後翻譯成英文、法文，梵漢對勘、梵藏漢對勘、梵文和譯等版本，推動了近代《法華經》研究。

一、《法華經》的成立與主要思想

（一）《法華經》的成立

公元前後，印度傳統的部派佛教被批評爲不再適應時代對宗教提出的要求，自利利他的大乘佛教應運而生，然而大乘佛教初期絶不是單一的僧團，菅野博史認爲：所謂大乘佛教不過是對印度一些地區或在同一地區的幾個信仰者群體所形成的各自不同的新的佛教思想，並根據這些思想制作各種大乘經典的佛教運動的概括。從而初期大乘佛教經典中的《般若經》《法華經》《維摩詰經》《阿彌陀經》等經典的創立者當屬互不相同的群體。〔一〕關於《法華經》的成立年代歷來頗有争議，其中《法華經》各品是分階段不斷完善添加形成的説法認爲從公元前一世紀到公元一五〇年前後，《法華經》經過了四個階段最終形成。岡田行弘認爲關於《法華經》的産生時期和地域，比較合適的觀點是公元一五〇年之後的數年乃至數十年間在西北印度的犍陀羅産生。〔二〕

大乘佛教初期，以《般若經》爲首的「空」思想成爲大乘佛教的主流，而《法華經》所宣揚的「一切衆生皆可成佛」理論在古印度佛教世界内部應該很難占據重要的位置，但是從現存《法華經》的梵文原本出現的地域而言，《法華經》廣泛出現於西北印度、中亞及尼泊爾地區，這説明將經典本身就視爲佛的《法華經》思想在這些地域得到了廣泛認可。直到四世紀成立的《涅槃經》主張一切衆生皆有佛性，把一切衆生的内在佛性作爲成佛的根據。

〔一〕〔日〕菅野博史：《〈法華經〉的中心思想——以一佛乘思想爲中心》，《世界宗教研究》一九九六年第三期，第六八頁。

〔二〕〔日〕岡田行弘著，史經鵬譯《〈法華經〉在印度的形成及其思想》，《宗教研究》二〇一五年秋，第七頁。

（二）《法華經》主要思想

《法華經》作爲一部佛學經典，以火宅、窮子、藥草、化城、衣珠、髻珠、醫子等「法華七喻」生動地爲信徒詮釋了大乘佛教教義，與《般若經》《涅槃經》相攝，宣揚濟世及陀羅尼等思想，其中著名的《觀世音菩薩普門品》《從地涌出品》《化城喻品》《陀羅尼品》等單品不但爲中國佛教信仰增添了濃墨重彩，也造就了中國文學和哲學的雙豐收。

《法華經》最重要的宗教思想就是「一佛乘」，主張一切衆生皆可成佛，認爲釋迦牟尼佛分别以聲聞、緣覺、菩薩三乘教化衆生，是適應不同情况而採取的方便法門，並非佛之本懷，佛以種種因緣、譬喻、方便令衆生「得一佛乘，一切種智」。聲聞、緣覺僅是一時暫定的權宜説教，並不是永久不變和固定的，在他們成熟受教育以後，即可迅疾成佛。這種聲聞、緣覺、菩薩三乘均可成佛的思想被後人概括爲「開權顯實」「會三歸一」，會三乘之方便入一乘之真實，成爲《法華經》思想的代表。另外，《法華經·從地涌出品》明確説明了釋迦牟尼佛涅槃後受持弘揚《法華經》的主體是娑婆世界産生的無量地涌菩薩。他們作爲如來使者，受如來派遣，擔負弘揚《法華經》、救度無量衆生的重任，這種關注現實社會、救度現實民生疾苦的思想與同經《觀世音菩薩普門品》相互輝映，形象地把大乘佛教的悲願精神表現了出來。

二、《法華經》的版本

（一）梵文寫本

《法華經》曾在古印度、尼泊爾等地區廣泛流傳，域外喀什米爾、尼泊爾，中國新疆、西藏等地區均發現了其梵文寫本，包括殘片在内共計六十餘種。尼泊爾寫本保存較爲完整，大概爲十一世紀作品；喀什米爾版本多數殘片從字體來看爲五—六世紀作品，比較古老；新疆喀什等地發現的也均爲殘片，内容與尼泊爾版本接近，從字體來看，大致爲七—八世紀作品。除此之外，還有一九〇三年—一九〇六年日本西本願寺大谷探險隊隊員橘瑞超在新疆收集的笈多直體梵文《法華經》寫本七紙；一九〇六年九月，斯坦因在于闐卡達里克遺址發現的《法華經》貝葉兩葉；倫敦原印度事務部存的《法華經》貝葉三葉；一九二七年，德國地質學家艾米爾·特林克勒在莎車等地獲得的《法華經》紙本九張；最新發現的《法華經》寫本材料出自和田地區並於近年入藏中國國家圖書館和中國人民大學博物館，前者五葉已由北京大學葉少勇等校勘後發表於二〇一三年，後者兩葉已由中國人民大學張麗香校勘後發表於二〇一七年。〔一〕

〔一〕 葉少勇等《一組來自西藏的夏拉達體梵文貝葉經散葉的初步報告》（英文），*China Tibetology*，二〇一三年第一期。張麗香：《中國人民大學博物館藏和田新出〈妙法蓮華經〉梵文殘片二葉》，《西域研究》二〇一七年第三期。

儘管十九世紀以來，國外校勘出版了多種《法華經》寫本，但都屬於殘缺不全或曰不完整抄本，唯有我國西藏保存的梵文貝葉經寫本《法華經》最爲完整，現存四個不同時期寫本。據桑德、史桂玲考證，原藏於薩迦寺，編號爲第〇〇〇四號，全經共一百三十七葉，二百七十四面，每片貝葉長五十四釐米，寬五釐米，於一九八三年由中國民族圖書館整理，文物出版社出版，隨後於一九八八年由蔣忠新整理出版了拉丁文轉寫本。[一] 該寫本成書於一〇八二年（宋元豐五年），爲尼泊爾那瓦爾廓特·塔庫里王朝的最後一個國王商羯羅提婆時期，全經内容完整無缺，梵文手寫文字是俱胝羅字體。二〇〇六年，由蔣忠新整理，中國藏學出版社出版三個《法華經》寫本的拉丁文版，分别來自布達拉宫藏第〇〇〇五號和羅布林卡藏「藏編四一，現號〇四二〇」、「文一二三之一，歷四三〇-一，現號〇三七三」。布達拉宫寫本共計一百三十五葉，書寫年代不詳。羅布林卡藏現號〇四二〇號寫本共計一百五十八葉，寫於一〇六五年，由 Ràhulabhadra 抄寫，略有殘損；現號〇三七三寫本共計一百六十葉，寫於一〇六四年，内容完整無缺。

《法華經》的最新梵藏漢對勘版是日本已故著名佛教語文學家辛島静志編纂的 *A Trilingual Edition of the Lotus Sutra-New Edition of Sanskrit, Tibetan and Chinese Versions*，已於《創價大學國際佛教學高等研究所

〔一〕 桑德：《西藏梵文〈法華經〉寫本及〈法華經〉漢藏文譯本》，《中國藏學》二〇一〇年第三期。史桂玲：《關於梵文寫本〈法華經〉》，《南亞研究》二〇一二年第三期，第一四七頁。

年報（二〇〇三—二〇〇六）》發表，此校訂本將《法華經》分爲小節，再將梵文及藏漢譯文並排處理。梵文本使用的是用吉爾吉特寫本和多件尼泊爾寫本校勘而成的校訂版，並與多件中亞系寫本並排處理。藏譯本使用的版本、寫本、斷片共計五種。漢譯本使用了《正法華經》和《妙法蓮華經》。〔一〕

（二）漢藏譯本

《弘贊法華傳》記載《法華經》先後存世有六個漢語同經異譯本，分别爲吴支疆梁接於魏甘露元年（二五六）譯《法華三昧經》六卷；竺法護於泰始元年（二六五）譯《薩芸芬陀利經》六卷，於西晉武帝太康七年（二八六）譯《正法華經》十卷；支道根於東晉成帝咸康元年（三三五）譯《方等法華經》五卷；後秦鳩摩羅什於弘始八年（四〇六）譯《妙法蓮華經》七卷；闍那崛多、達摩笈多於隋仁壽元年（六〇一）重勘補訂羅什譯本成《添品妙法蓮華經》。〔二〕

《開元釋教録》《弘贊法華傳》均記載《法華經》有六種漢譯本，但現存僅有竺法護譯《正法華經》，鳩摩羅什譯《妙法蓮華經》和闍那崛多、達摩笈多重勘《添品妙法蓮華經》三個版本，其中歷代在民間廣泛流傳和注疏講解的以鳩摩羅什本爲主。唐道宣在《妙法蓮華經弘傳序》中指出，「三經（三個版本）重沓，文

〔一〕〔日〕岡田行弘著，史經鵬譯《〈法華經〉在印度的形成及其思想》，《宗教研究》二〇一五年秋，第五頁。

〔二〕惠詳撰《弘贊法華傳》，《大正藏》第五十一册，NO. 二〇六七。

旨互陳，時所宗尚，皆弘秦本」[一]，從宗教層面肯定了《法華經》的現存三個漢譯版本，衹是「時所宗尚」羅什本。羅什本《妙法蓮華經》本爲七卷二十七品，後人將南齊法獻同達摩摩提合譯《提婆達多品》和北周闍那崛多譯《普門品偈》收入羅什本，構成七卷二十八品，分別爲：序品、方便品、譬喻品、信解品、藥草品、授記品、化城喻品、五百弟子授記品、授學無學人記品、法師品、見寶塔品、提婆達多品、勸持品、安樂行品、從地涌出品、如來壽量品、分別功德品、隨喜功德品、法師功德品、常不輕菩薩品、如來神力品、囑累品、藥王菩薩本事品、妙音菩薩品、觀世音菩薩普門品、陀羅尼品、妙莊嚴王本事品、普賢菩薩勸發品。《法華經》對於中國佛教影響巨大，歷史上出現了一系列僞作，如《妙法蓮華經度量天地品》等，在敦煌寫經和《卍續藏經》中也出現了附會《法華經》的僞作。

《法華經》藏譯本成書於八世紀中葉，由藏族譯師班迪祥納南·葉喜德和印度班智達酥冉陀羅菩提翻譯，現收録於藏文《甘珠爾》。[二]藏譯本《法華經》木刻版共計十三卷二十七品，分別爲：序品、方便品、譬喻品、信解品、藥草喻品、聲聞授記品、化城喻品、五百弟子授記品、阿南陀羅睺羅及兩千比丘授記品（授學無學人記品）、講經傳法品（法師品）、見寶塔品、勸持品、安樂行品、從地涌出品、如來壽量品、分別功德

〔一〕鳩摩羅什譯《妙法蓮華經》，《大正藏》第九册，NO. 〇二六二。

〔二〕桑德：《西藏梵文〈法華經〉寫本及〈法華經〉漢藏文譯本》，《中國藏學》二〇一〇年第三期，第一三〇頁。

品、隨喜功德品、六根清淨功德品（法師功德品）、常不輕菩薩品、如來神力品、囑累品、藥王菩薩本事品、妙音菩薩品、觀世音菩薩普門品、陀羅尼品、妙莊嚴王本事品、普賢菩薩勸發品。

敦煌遺書中的漢譯《法華經》包括竺法護譯《正法華經》、鳩摩羅什譯《妙法蓮華經》和闍那崛多、達摩笈多重勘《添品妙法蓮華經》三個版本，以羅什本《妙法蓮華經》抄本數量最多。國家圖書館藏《正法華經》三號，《妙法蓮華經》則有兩千餘號，而英、法、俄、日等國存量有五千餘號。以下對三種主要漢譯本加以介紹。

其一，竺法護及其《正法華經》。

竺法護（二三一—三〇八），亦稱曇摩羅刹，月氏人，世居敦煌郡，八歲出家，禮印度高僧爲師，天資很高，博聞强記，篤志好學，日誦萬言，過目能解。泰始元年，竺法護攜帶大批經典返回東土，居於長安、洛陽，專事譯經，精勤行道，廣布德化，是鳩摩羅什以前譯經最多的大譯師，他的譯經涉及《般若經》《華嚴經》《寶積經》《大集經》《涅槃經》《法華經》等多部經典，舉凡當時流傳於西域各國的要典，他都作了介紹，這就爲大乘佛教在中國的廣泛流傳和發展，奠定了很好的基礎。東晉道安稱贊其譯經「護公所出，若審得此公手目，綱領必正。凡所譯經，雖不辯妙婉顯，而宏達欣暢，特善無生，依慧不文，朴則近本」；僧佑亦贊其「經法所以廣流中華者，護之力也」；晉代文人孫綽作《道賢論》甚至將之與竹林七賢中的山巨源相提並論，時稱「月氏菩薩」、「敦煌菩薩」。

《高僧傳》卷一《晉長安竺曇摩羅刹（竺法護）傳》記載竺法護「自燉煌至長安，沿路傳譯，寫爲晉文，所獲《賢劫》、《正法華》、《光讚》等一百六十五部」[一]，數量之大，可謂空前，但歷代各家經録對竺法護譯經的記載出入頗大。僧佑《出三藏記集》記載竺法護翻譯經典一百五十九部、三百零九卷，當時存在的寫本是九十五部。其後各家目録續有增加，唐代《開元釋教録》刊定竺法護譯本存在的凡九十一部、二百零八卷（現經重新對勘，實係竺法護翻譯的僅七十四部、一百七十七卷），其中有很多重要經典。另有十種竺法護譯本曾被認爲散失，現經判明仍然存在，但誤題爲别人所譯。這十種分别是：《無量清浄平等覺經》二卷、《般若三昧經》一卷（上兩種舊題支婁迦讖譯）、《舍利弗悔過經》一卷、《温室浴洗衆僧經》一卷、《迦葉結經》一卷、《樫女耆域因緣經》一卷、《大六向拜經》一卷（上五種舊題安世高譯）、《舍利弗摩訶目犍連遊四衢經》一卷（舊題康孟祥譯）、《梵網六十二見經》一卷、《貝多樹下思惟十二因緣經》一卷（上兩種舊題支謙譯）。

太康七年（二八六），竺法護在長安譯出了《正法華經》，是《法華經》在中國最早的全譯本，後經印度沙門竺力和龜兹居士帛元信一再校訂，完畢後，竺法護向學徒「口校詁訓，講出深義」，又舉行檀施大會，向廣大聽衆日夜講説，爲《法華經》在整個東亞地區的廣泛流布奠定了基礎。

〔一〕（梁）釋慧皎：《高僧傳》，中華書局，一九九二，第三三頁。

其二，鳩摩羅什及其《妙法蓮華經》。

鳩摩羅什（三四四—四一三），梵文名Kumārajīva，又譯鳩摩羅什婆、鳩摩羅耆婆，略作羅什，意譯童壽，與玄奘、真諦、不空並稱中國佛教四大翻譯家，東晉十六國時期的前後秦高僧。羅什父鳩摩羅炎出身天竺望族，後至龜茲，與龜茲王女婚配並生羅什。羅什七歲隨母出家，初學小乘，後到罽賓、沙勒，遇到莎車國大乘名僧，改學大乘。博讀大小乘經論，名聞西域諸國，在漢地也有傳聞。前秦建元十八年（三八二）苻堅遣呂光攻伐焉耆，繼滅龜茲，將羅什劫至涼州。三年後姚萇殺苻堅，滅前秦，呂光割據涼州，羅什隨呂光滯留涼州達十六七年。後秦弘始三年（四〇一）姚興攻伐後涼，親迎羅什入長安，以國師禮待，並在長安組織了規模宏大的譯場，請羅什主持譯經事業。羅什弟子衆多，有道生、僧睿、僧肇、道恒、曇影、慧觀、僧契、慧嚴、道融、僧遷、法欽、僧導、僧業、曇無成、僧嵩等，後世有什門四聖、八俊、十哲之稱。羅什譯經文義圓通、内容信實、字句流暢，在中國譯經史上有劃時代的意義，譯經總數説法不一，《出三藏記集》記載爲三十五部二百九十四卷，《開元釋教録》作七十四部三百八十四卷，主要有《大品般若經》《妙法蓮華經》《阿彌陀經》《金剛經》《維摩詰經》《中論》《百論》《十二門論》《大智度論》《成實論》等，系統地介紹龍樹中觀學派的學説。

鳩摩羅什譯《妙法蓮華經》譯文流暢、文字優美、譬喻生動、教義圓滿，道宣在《妙法蓮華經序》中説「自漢至唐六百餘載，總歷群籍四千餘軸。受持盛者，無出此經（《法華經》）。將非機教相扣，並智勝之遺塵。聞而深敬，俱威王之餘勲」。大乘佛教初期就有了「聲聞」「緣覺」爲二乘或小乘，以「菩薩」爲大乘的説法。《法華經》在這樣的背景下提出「開權顯實」「會三歸一」的思想，融會三乘爲一乘（佛乘），以「聲聞」「緣覺」二乘爲方便（權）説，終究要以成佛爲最終目標（佛乘），開啓了「回小向大」的門徑，這種大乘思想，也是本經的主旨所在，在佛教思想史上占有重要地位。

其三，闍那崛多、達摩笈多及其《添品妙法蓮華經》。

《續高僧傳》卷二等載闍那崛多爲北印度犍陀羅國富留沙富邏城（今巴基斯坦白沙瓦）人，俗姓金步，屬刹帝利種姓，童年在大林寺出家，二十七歲隨師闍那耶舍及同契共十人出境游方弘法。越葱嶺，涉流沙，到鄯州（今青海樂都）時死者過半，餘者於北周武成元年（五五九）到達長安，住草堂寺、四天王寺，後應譙王宇文儉之請，入蜀任益州僧主，住龍淵寺。因周武帝毁佛，被迫回國，途中爲突厥所留，同伴皆没，唯其獨存。隋開皇五年（五八五），文帝准曇延等三十餘人所奏，遣使請崛多東來，在長安大興善寺譯經，先後譯出《妙法蓮華經普門品重誦偈》《十一面觀音神咒經》《金色仙人問經》《佛本行集經》《大威德陀羅尼經》等共三十七部一百七十六卷，隋開皇二十年（六〇〇）圓寂，終年七十八歲。

達摩笈多，華言「法密」或「法藏」，南印度人，刹帝利種姓，兄弟四人，笈多居長。年二十三，至中印度出家，取名「達摩笈多」，年二十五受具足戒，繼而從師受學三年。後有阿闍黎普照，應吒迦國王之請，笈多隨同前往，歷游大小乘諸國，見識倍增，聞商人云東方大支那國佛法盛行，乃結伴來華，途中歷經艱險，費時數年，到達今甘肅敦煌。隋開皇十年（五九〇），文帝召其入京，禮遇優厚，後居大興善寺譯經。他「執本對譯，允正實繁。所誦大小乘論，並是深要」。其後，隋煬帝於洛陽上林苑設「翻經館」，譯人學士應詔雲集，從事譯經事業，其間他譯有《攝大乘論釋》等九部四十六卷，《續高僧傳》卷二稱贊其譯經「文義澄潔，華質顯暢」，唐武德二年（六一九），圓寂於上林苑。

闍那崛多與達摩笈多於隋仁壽元年（六〇一）在洛陽上林苑翻經館重勘補訂羅什《妙法蓮華經》譯本成《添品妙法蓮華經》。《添品妙法蓮華經序》云：「昔燉煌沙門竺法護，於晉武之世譯《正法華》；後秦姚興，更請羅什譯《妙法蓮華》。考驗二譯，定非一本。護似多羅之葉，什似龜兹之文。余撿經藏，備見二本，多羅則與《正法》符會，龜兹則共《妙法》允同，護葉尚有所遺，什文寧無其漏？而護所闕者，《普門品》偈也；什所闕者，《藥草喻品》之半，《富樓那》及《法師》等二品之初，《提婆達多品》《普門品》偈也。」闡明了添品法華成書的緣起。

三、《法華經》疏釋本簡説

（一）《法華經》注疏概况

《高僧傳》所列舉的講經、誦經者中，以講解《法華經》的人數最多。敦煌寫經現存五六萬號，其中與

《法華經》有關的寫本占比最大，除《法華經》寫本，還有一大部分注疏《法華經》的寫本存世，僅南北朝時期注疏此經的就達七十餘家。

中國佛教經典漢譯始於公元二世紀中葉，漢譯佛經的出現是佛教本土化的重要載體，爲中國人用漢語學習佛教奠定了基礎。佛教大藏經分爲經律論三藏，伴隨中國佛教的發展和研究的深入，詮釋經律論三藏成了佛教徒的重要解行手段，這種注釋儒家經典而來的注疏傳統爲佛教在中國的發展打下了良好的基礎。另外，基於某部《法華經》注疏或贊等而形成的抄、決、決擇、釋、科文等也在敦煌文獻中大量存世。

中國的《法華經》注疏多以鳩摩羅什翻譯的《妙法蓮華經》爲底本，現存代表作有竺道生的《妙法蓮華經疏》，法雲的《法華義記》，智顗的《法華玄義》《妙法蓮華經文句》，吉藏的《法華玄論》《法華遊意》《法華經義疏》《法華統略》，窺基的《妙法蓮華經玄贊》等。如唐窺基撰《妙法蓮華經玄贊》，又名《法華玄贊》《法華經疏》，十卷或二十卷，已收入大藏經，敦煌遺書所藏大概有十七至二十號〔一〕，另上海博物館也收藏有此書傳世唐代寫本；隋吉藏撰《法華經義疏》，原著卷數不詳，已收入大藏經；遼詮明撰《妙法蓮華經玄贊科文》，原著卷數不詳，是對窺基《法華玄贊》的科文，但與《法華玄贊》原文結構略有不同；慧沼的《法華玄贊義決》也是注釋窺基《法華玄贊》難義的重要著作。

〔一〕方廣錩：《敦煌遺書中的〈法華經〉注疏》，《世界宗教研究》一九九八年第二期，第七五頁。

（二）窺基及其《妙法蓮華經玄贊》

佛教藏經分爲經律論三藏，經藏音譯爲素怛纜藏、修多羅藏，意譯爲契經藏，佛所説之經典，上契諸佛之理，下契衆生之機，包含所有佛陀教説之要義；律藏音譯爲毗奈耶藏、毗尼藏，意譯爲調伏藏，爲佛所制定之律儀，能治衆生之惡，調伏衆生之心性，有關佛所制定教團之生活規則皆屬於此類；論藏音譯爲阿毗達磨藏、阿毗曇藏，意譯爲對法藏，是對佛典經義加以論議，化精簡爲詳明，以明辨諸法性相，是爲了佛陀教説之進一步發展，後人以殊勝之智慧加以組織化、體系化的論議解釋。論藏作爲解釋經、律的注疏，既包括了印度祖師的相關論著，也包含歷代本土僧人的相關論著，這些注疏儘管從一定層面上更加豐富了經、律的思想層次，包含歷代高僧大德對佛教理論的新發展、新探索，但相比而言，從僧徒的信仰而言，較低於經的地位，這一點從早期的漢文大藏經和敦煌寫經即可知曉。唐代以前大藏經以翻譯典籍爲主，基本上不收録中國人的著作。彙總整理敦煌寫經發現，正規佛經的抄寫一般都非常嚴格、認真，多用正楷字體，紙面精美整潔。注疏一類的作品多是爲了學習某一部佛經所作的解釋或者注疏筆記，在用紙和抄寫等方面遠不如正規佛經，字裹行間多有對内容進行的批注、修改、硃點等。現存敦煌寫經中的各類注疏，字體大部分爲行書、今草、章草，其中章草是當時流行的一種書法，相較一絲不苟的楷書而言，章草的書寫速度快，抄寫效率較高，現存國家圖書館藏一二一三號、天津博物館藏津藝三〇四號等均爲後世對窺基《法華玄贊》的再次注疏。

窺基（六三二—六八二），唐代名僧，俗家姓尉遲，字洪道，又稱靈基、乘基、大乘基、基師，或單稱基，京兆雍州長安（今陝西西安）人，唯識宗創始人，被尊稱爲「慈恩法師」「三車法師」等。《神僧傳》記載：「初基之生母裴氏，夢掌月輪吞之，寤而有孕。」窺基魁偉，禀性聰慧，十七歲出家，奉敕爲玄奘弟子，入弘福寺，後移住大慈恩寺，從玄奘習梵文及佛教經論，二十五歲參與譯經。永淳元年窺基圓寂於大慈恩寺翻經院，世壽五十一歲，葬於樊川北原之玄奘塔側。玄奘門下，窺基勤於記述，長於疏釋。參譯之際，凡玄奘有所宣講，均詳作記録，並加疏釋，撰爲述記。史載玄奘每於「黄昏二時」（或是晨昏二時）講新譯經論，譯寮僧伍竟造文疏、筆記，玄章並行於世。而窺基記述釋文最勤，功亦最著。窺基著述甚多，有《大乘法苑義林章》《瑜伽論略纂》《百法明門解》《因明入正理論疏》《妙法蓮華經玄贊》《攝大乘論鈔》《勝宗十句義章》等。

窺基撰《妙法蓮華經玄贊》，簡稱《法華玄贊》《法華經玄贊》《玄贊》，收於《大正藏》第三十四册。《法華玄贊》從法相唯識學之立場出發解釋《法華經》，依據《攝大乘論》等，自一乘方便三乘真實之立場，批判天台、華嚴宗之説，文中較多引用世親之《法華論》、劉虬之《注法華經》、慧表之《注無量義經》等，頗忠於原典。内容首先叙述《法華經》興起之因，其次闡明經之宗旨，解釋經品之得名，以彰顯經品之廢立、經品之次第，最後解釋經之本文。《法華玄贊》作爲《法華經》重要的注疏之一，後世多將其視爲學習《法華經》之圭臬，流傳較廣。歷史上，注疏此經以記載學習《法華經》的心得體會者甚多，僅敦煌遺書中就保存了幾十種。鑒於窺基在佛教史上的地位及法相唯識思想的廣泛流布，後世也出現了很多對《法華玄贊》的再次注疏和釋義，如《法華玄贊義決》一卷、《法華玄贊攝釋》四卷、《法華經玄贊決擇記》八卷等。

（三）國圖藏敦煌草書寫本

國家圖書館一二一三《法華玄贊鈔》爲七—八世紀唐寫本，草書，首斷尾全，共計十四紙，三百六十五行，每行二十三—三十二字，字品、書品良好，有行間校加、標識字，有硃筆校改、科分，有硃墨筆行間加行、塗抹，首起「因還四霊山，法花力也」，尾迄「如何言脩？應可言證。不同有爲也」，有尾題。此寫本在陳垣的《敦煌劫餘録》，王重民等編的《敦煌遺書總目索引》，施萍婷、邰惠莉合撰的《敦煌遺書總目索引新編》中均定名爲《賢護經疏》，但王重民的《敦煌遺書總目索引》在該書五四九頁之《後記》中吸收周叔迦考定之結果，改爲《法華玄贊鈔》，應爲《妙法蓮華經玄贊》復疏。

國家圖書館五八一一《法華經疏》爲七—八世紀唐寫本，草書，卷軸裝，首殘尾脱，共計三十六紙，七百九十六行，行二十餘字，其中首十一行上殘，第十三、十四紙接縫處裂開，卷上部有殘損，尾有原軸，未被歷代大藏經所收録。此寫本有硃筆校改、間隔號、硃點，有墨筆行間校加字、校改、倒乙、重文號和小圈，卷背有校補字。

敦煌文獻，若以書體分類，在楷書之外，行書草書文獻占很大比例，但是由於行書草書字體較難認，一直没有很好地解讀利用，但敦煌草書文獻具有版本校對、書體研究、書法欣賞等多方面的價值和重要意義。

李洪財在《敦煌草書寫本目録及解析》一文中指出：敦煌寫經大多以楷書爲主，草書卷子基本上是佛經論疏類的作品，而且其中多是讀經、聽經、講經的筆記，其内容遠豐富於傳世經贊論疏，故此類寫本是研究佛經經義的最好材料。例如散藏在遼寧博物館的《恪法師第一抄》即是綜合各經來解《妙法蓮花經玄贊》的一部作品，其涉及的經典至少有《法華經玄贊要集》《法華玄贊義決》《大乘阿毗達磨雜集論》《顯揚聖教論》《成唯識論疏抄》等，可見作者對衆經的把握程度。〔一〕

四、本册兩件敦煌寫卷的書法特徵

（一）國圖五八一一號書法淺議

此卷七百九十六行，文物出版社《中國法書全集》（五）有刊印。著録文稱：「紙本，章草，縱二十八點三釐米，横一千四百七十三點三釐米。是卷爲七—八世紀唐寫本，三十六紙，行二十餘字。卷軸裝，首殘尾脱。此卷爲章草寫本，秀麗端穩，清新疏朗，自見不激不厲之風規。」惜當時漏印六行，計爲二八七、七

〔一〕李洪財：《敦煌草書寫本目録及簡析》，復旦大學出土文獻與古文字研究中心網，論文鏈接：http://www.gwz.fudan.edu.cn/SrcShow.asp?Src_ID=1116。

四六、七四七、七四八、七四九和七七三行。此次以高清彩版補齊，足爲此卷增輝。

今觀此卷草書之結字與筆法，實爲章草與今草相融之字，具體特點如後。

第一，古拙樸實，章草遺風。

此卷草書字字獨立，上下不連，不求妍潤，古拙强健，章草遺風明顯。如卷中三四一行「大」和三五二行「人」字的捺脚，如同漢簡中的捺脚，古拙有力。三四一行「是」下部「疋」，作浮鵝勾，其形其勢與晉索靖《月儀帖》「是」之浮鵝勾，如出一轍。

再如三四七行「德」字、「依」字和三四九行「法」字之左旁，皆作一竪，按筆直下，直卓有力又具外拓之勢。三五一行「天」字，如同居延漢簡之翻版，既有傳承，又有發展。就「德」之草書字形而言，右旁作「立」中加一點，此形見於《草字編》，出於拓本《淳化閣帖》，而未見墨迹，今出於唐人寫卷，足補傳統草書字典之缺。

第二，使轉靈活，盡現今草精神。

如果説方折用筆表現古拙之力，而使轉靈活則盡現今草風流。此卷在使轉之筆道上充分展現了靈活的風致。如二八行「倒」「謂」，三九三行「黑」「黄」「闕」，五三〇行「相」「好」「可」「界」，七八五行「家」「至」「遇」「常」，在筆道連接時，使轉靈活巧妙，今草風情直接生動别開生面。因此在古拙的基礎上，展現晉唐風致。

第三，草書結字，特具風貌。

寫卷草書中的一些字常與傳統草字不盡相同，如五行和四四七行「惱」字，左旁「忄」作「火」；右旁作「𡿺」亦省筆連書。五六行和六一行「舉」字，上作「乙」，下作「未」。此形見於傳統草書，而一九行和四〇行「集」字則與「舉」形幾混，起筆時寫短竪與「乙」相連，若不細心，則兩字難分。此種寫法雖與智永真草《千字文》和孫過庭《書譜》近似，但形不盡同。

又三三一行和六九二行「忍」，其上「刃」作「丑」。此形見於北齊《維摩經碑》。六八七行「甄叔迦寶」，其「寶」字，上作「宀」，下似傳統草書「段」或「母」字，此形不見於《草字編》，不見於《敦煌俗字典》，不見於《碑別字》，不見於《隸字編》，亦不見於《日本歷代書聖名迹書法大字典》。查《佛學大辭典》，有「甄叔迦寶」。乃確定此字爲「寶」。釋校之難，釋校之趣，盡見於此，寫卷不但是經典之寶，而結字亦是草書之寶。

（二）國圖一二一三號書藝淺議

二〇〇九年八月，文物出版社印《中國法書全集》（五）收印此卷。著録文曰：「紙本，章草，縱二十八點五釐米，橫五百六十七點二釐米。是卷爲七—八世紀唐人章草寫本。十四紙，三百六十五行，行字不等。」經與高清照片對照，文物出版社少印卷首兩行。卷尾題「弟一抄」三字，細觀之與卷中正文不是同一人之筆，文物出版社出版時，題此卷名《草書法華玄贊抄》。

筆者與遼寧博物館藏《恪法師第一抄》相校，發現兩卷題名均有「弟一抄」，頗似一人之字，尤其「弟」字，無論結字、筆法和氣勢均極爲相似。又兩卷正文之草書亦似一家筆法，乃疑兩卷之字爲一家眷屬。淺議如後。

第一，兩卷均存在慢寫和快寫的情況。

此前見到不少敦煌草書寫卷，經生之字每每從頭至尾多能保持相同的書寫速度，可謂不激不厲，而風規自遠。而遼博和國圖所藏此兩卷都存在有時慢寫，有時快寫的情況。慢寫時（相對而言），字體縱向取勢，規整可觀；快寫時則字體横向取勢，字之結構出現鬆散之態，有潦草不堪之感。

相比而言，《恪法師第一抄》慢抄的多，快抄的少。而國圖一二一三則慢抄的少，快抄的多，尤其自一一四行之後，抄寫速度不斷加快，乃至字形失態，特别是三二〇行至三二四行，三五五行至三五七行之字，顯示出書寫者似有他務糾纏，急於脱身，致使卷面大失前文風致。例如三五八行「伽」字，打破平素之法度，單獨看之，幾與草書「何」字無異，因其上邊之字爲「瑜」，因此得以正確釋「伽」。

筆者推想，不怕字形失態而快速書寫的草書，是不是狂草的雛形呢？試觀唐懷素狂草《自序帖》，確與此卷有同致之感，話題放在此處，希望大方之家不吝指正。

第二，此卷雖具章草遺意，實已是今草之態。

依筆者所見，唐代草書寫卷去《急就章》《月儀帖》之章草已漸行漸遠，此時代所致，情屬自然，此卷絶非規規章草，而是唐人今草之風規。

然而細觀此卷，個別字形及筆道保存章草遺意，亦是不争之事實，分析如後。

如一一行「定」，一三行「通」之捺筆，乃典型的章草形態，古拙之趣盎然。

又如九六行「是」，二一六行「足」，二四一行「見」，充分顯示出「鐵畫銀鈎」之力，形態筆道俱入章草，甚至與漢代簡牘草書無異，傳承之功，良爲可貴。

又如一二二行「二」，一九〇行「並」，三〇五行「三」和「一」的長横，直與漢代隸書碑刻和簡牘用筆神形俱合。

又如一八四行「不」，二四七行「八」，三六二行「疏」，字形與筆道皆如從章草帖中移入此卷，表現出章草藝術的强大生命力。然而歷史在前進，唐楷久登場，今草入人心，此卷確是明證。

綜上所述，國圖一二一三儘管有快速抄寫之失，從另一個角度看，亦有意想不到之得。書寫者之草書功底絶不可掩，足爲今人之借鑒。

此卷之面世，給廣大草書愛好者提供了一個章草、今草、狂草既合又變的實例，誠爲絶佳的教材、珍貴的帖本。

（呂其俊、呂義）

圖書在版編目(CIP)數據

法華經疏釋二種/ 吕義, 吕洞達編著. --北京: 社會科學文獻出版社, 2022. 2
(敦煌草書寫本識粹 / 馬德, 吕義主編)
ISBN 978-7-5201-9483-9

Ⅰ. ①法… Ⅱ. ①吕… ②吕… Ⅲ. ①《法華經》- 研究 Ⅳ. ①B942.1

中國版本圖書館CIP數據核字(2021)第264744號

· 敦煌草書寫本識粹 ·
法華經疏釋二種

主　　編 / 馬　德　吕　義
編　　著 / 吕　義　吕洞達

出 版 人 / 王利民
責任編輯 / 胡百濤　周雪林
責任印製 / 王京美

出　　版 / 社會科學文獻出版社 · 人文分社(010)59367215
地址: 北京市北三環中路甲29號院華龍大厦　郵編: 100029
網址: www.ssap.com.cn
發　　行 / 社會科學文獻出版社(010)59367028
印　　裝 / 北京盛通印刷股份有限公司

規　　格 / 開　本: 889mm×1194mm 1/16
印　張: 19.25　字　數: 159千字　幅　數: 118幅
版　　次 / 2022年2月第1版　2022年2月第1次印刷
書　　號 / ISBN 978-7-5201-9483-9
定　　價 / 498.00圓

讀者服務電話: 4008918866